U0508282

于晓 编著

锻炼

孩子成长的内心世界

（父母）能给孩子的只有三样东西：

第一样是给他们尽可能好的教育；

第二样是树立一个好榜样；

第三样是给他们世界上所有的爱。

Duanlian Haizi Chengzhang De Neixin Shijie

煤炭工业出版社

·北京·

图书在版编目（CIP）数据

锻炼孩子成长的内心世界/于晓编著 . – – 北京：
煤炭工业出版社，2018（2021.6 重印）
ISBN 978 – 7 – 5020 – 6460 – 0

Ⅰ . ①锻…　Ⅱ . ①于…　Ⅲ . ①家庭教育　Ⅳ . ①G78

中国版本图书馆 CIP 数据核字（2018）第 015288 号

锻炼孩子成长的内心世界

编　　著	于　晓	
责任编辑	马明仁	
编　　辑	郭浩亮	
封面设计	浩　天	

出版发行　煤炭工业出版社（北京市朝阳区芍药居 35 号　100029）
电　　话　010 – 84657898（总编室）
　　　　　010 – 64018321（发行部）　010 – 84657880（读者服务部）
电子信箱　cciph612@126. com
网　　址　www. cciph. com. cn
印　　刷　三河市京兰印务有限公司
经　　销　全国新华书店

开　　本　880mm×1230mm$^1/_{32}$　印张　8　字数　150 千字
版　　次　2018 年 1 月第 1 版　2021 年 6 月第 3 次印刷
社内编号　9340　　　　　　　　定价　38.80 元

前　言

　　每位父母都希望自己的孩子优秀，但现实中对孩子不如意的父母十有八九，有的孩子在父母和他人的眼里，甚至会成为十足的"坏孩子"。对于表现一般的孩子，父母对他们的要求可以得过且过，但当父母有一个"坏孩子"的时候，这对一个家庭来说都是无比痛苦的事。坏孩子会使家庭失去和美，坏孩子会使父母失去希望，坏孩子会使生活麻烦不断，坏孩子会使父母脸面全无……孩子承载着一个家庭的希望，曾有个"坏孩子"的父母说："看到孩子这样，我连死的心都有。"为什么父母"连死的心都有"？原因就是当父母看到自己孩子"坏"时，他们束手无策，没有有效的办法对这样的孩子进行管教。在父母的心里，对自己的孩子成长已经失去了信心，认为孩子已经"病入膏肓"

了，已经无可救药了。

　　生活中有很多所谓的"坏孩子"，我常常看到这些孩子的父母因失望而对他们放弃了教育。这些孩子因为表现不良，被有些人永远定格成了坏孩子形象。作为一个专业的教育者，我很痛心。我痛心的原因，一是很多"坏孩子"不是真正有多么坏，往往是因人们的"误解"，被人强行贴上"坏孩子"标签；二是很多父母不了解这样一个教育事实：就是"坏孩子"只要教育有方法，他们也会照样很有出息。

　　十年树木，百年树人。我不想让更多的孩子在教育者的误解和放弃中毁去，我想让那些认为自己的孩子是"坏孩子"的父母，能掌握教育好坏孩子的方法。本书的目的只有一个，就是愿天下的孩子都能成为好孩子。

目 录

|第二章|

锻炼孩子的尊重意识

|第三章|

锻炼孩子的自律

|第四章|

锻炼孩子的学习兴趣

|第五章|

锻炼孩子的智力

|第六章|

锻炼孩子的内心

第一章

锻炼孩子诚实的心理

对待孩子的错误有策略

有一位知名的NBA评论家说过的一段话，对我们怎样批评孩子可能会有些启示：有许多刚进入NBA的球员，在比赛时一旦犯了错误，他们就会转过头来看教练的脸色。有培养NBA优秀球员经验的教练，他们总是不理睬球员的注视，若无其事地在场下观战。因为这样能给球员以安全感、信任感，便于球员能快速地成长。其实很多教练在球员犯错误的时候，特别是球员在犯低级错误的时候，他们的内心何尝不想批评抱怨球员，但是他不能表露出自己的批评，教练怕影响球员们的情绪，甚至会影响一个球员一生的发展，这也是NBA之所以能培养出世界顶级篮球运动员的原因。父母子女之间也一样，父母对于孩子错误的教育方式常会给孩子很大的影响。

中国父母要教育孩子，就免不了对孩子有责罚。他们认为，对孩子的错误完全没有责罚，孩子必然会被惯坏。因为连古话都说："玉不琢，不成器。"父母不好好管教自己的孩子，孩子就有可能走上邪路，更不用说是成才了。但是，父母对孩子的教育不一定非要责罚，否则父母就无法规避孩子因逃避责罚的撒谎行为。

我们常听见一些父母在批评孩子时说："今天是轻的，下次再错了，我就……"或者："你敢再犯？"这是带有强迫和威胁性质的话。孩子听了就会真有些惧怕，因而在自己错了以后，孩子就会因为惧怕而掩盖自己的行为。这常是我国父母对子女常见的教育方式。而有教育经验的父母，对待子女的错误的方法就大不相同。他们不主张强迫，更不主张威胁。在子女不听从父母的时候，他们先了解孩子的心理，倾听孩子的意见，然后再告诉孩子："为什么应该这样做？"直至孩子心服口服。因为孩子心智不成熟，不容易理解父母话中的道理。这时，父母就要耐心地说明自己的看法和要求，让孩子认同父母的道理，知道什么是对与错，什么是好与坏。这不仅能养成孩子判断的能力，而且孩子以后犯了错，还会勇于在父母面前承认，孩子撒谎也就没那个必要了。

当孩子做错事，为逃避责罚而撒谎的时候，父母不要随意地对待孩子。因为这样会给孩子造成很大的心理压力。有的年轻父母教子缺乏方法，看到孩子做错事或撒了谎，脾气来了，就喜欢大骂一通。这样做并不能改变孩子的撒谎行为，相反还可能让孩子更加依赖撒谎来逃避责罚。父母可以利用孩子的撒谎对孩子进行一些"惩罚"，让孩子明白，自己的错误在哪里。

　　孩子撒谎，有时会忽视给他人带来什么害处，所以为了让他明白撒谎不是好事，可以给他来一次"以其人之道还治其人之身"，让她尝尝被骗的滋味。有这样一个例子：母亲问孩子，给你的100元钱买书了吗？孩子说买了。其实是孩子用于其他事了。母亲当时没有揭穿孩子，当作没事一样。过几天，孩子的学校要收一些费用，当孩子向母亲要时，这位母亲一口咬定已经把钱给孩子了。于是，孩子急得大哭。接着，母亲搬出那天孩子撒谎的事，和孩子讲道理，分析撒谎的害处。这种让孩子亲历撒谎带来害处的办法，可以让孩子尝点苦头，这也算是对孩子的一种责罚了。从这以后，孩子再也没撒过谎了。当然，也可以直截了当地指出孩子的错误，温和地提醒孩子以后不要犯同样的错误，然后再给孩子提出要求：孩子可以通过别的方式弥补自己的错误行为，并免于惩罚，比如，要孩子编一个故事，要孩子做一个手工等。然后父母指出孩子错在哪里，为什么不应该做，使孩子能够认识到自己的错误，自觉地改正。

没有哪个孩子一点儿错误都没有。如果父母在孩子面前为了显示权威，在对待孩子错误的时候，把自己的不满一股脑儿地全部发泄出来。父母不是在教育自己的孩子，更是在发泄着自己的不满。就是再大的事，即使自己很气愤，但在孩子面前，父母也应该控制自己的感情，否则感情用事，厉声斥责孩子后，孩子就会不服。父母应细声地同孩子讲清楚："爸爸为什么叫你到房间来，知道吗？"或者："对于你所做的事，你有什么感想？"引导孩子自己反省，承认错误。所以，父母在孩子错了时，只能就事论事，客观地向孩子讲明孩子所犯错误。这就是对待孩子的错误的策略。如前面所说，父母的专制、严厉往往是孩子谎言的温床。因此，家长一定要温和地对待孩子的错误，让孩子敢于说实话。有时即使孩子做了错事，只要孩子认错了，就不应再痛骂、毒打。因为孩子犯点儿错误是在所难免的。学会肯定、鼓励孩子，不要主观、武断地滥施批评、训斥和惩罚。许多家长的做法让孩子害怕，孩子就被逼出撒谎的行为来。因此，家长应该反思，调整自己的施教言行，这样就可消除孩子说谎的外在因素。

对孩子进行诚实教育

诚实，是天下每一位父母对自己孩子的期望。父母都不希望自己的孩子成为一个说谎的孩子，说谎的孩子总不是一个好孩子。然而现实与要求总会有很大的反差，有来自权威机构的调查数据表明，有近70%的孩子在3岁前就学会了说谎话，到了7岁，近98%的孩子都已说过谎。这些数据与人们心目中天真的孩子形象相去甚远。因此，对孩子的诚实教育，是父母势在必行的事。

似乎父母对孩子的诚实教育并不缺少，父母从小就教育孩子：犯了错误要敢于承认，不欺骗别人，不可以对别人失信等，但是效果似乎不大。当今，父母对孩子诚实教育日益迫切，使"诚实"成为近来中国教育孩子的焦点之一，因为诚实会给孩子带来信任和人生的辉煌。

在1935年世界经济危机时，年仅10岁的阿瑟·因佩拉托雷在运输队当童工。薪水少得可怜。在没有事的日子里，他在一家糖果店工作。一天，阿瑟在桌底下拾到7美分，但他把钱交给了老板。老板扶着他的双肩告诉他，钱是他故意放在那儿的，为了试探他的诚实。后来，阿瑟一直在那儿工作到上完高中，他用自己的诚实在美国经济最困难的时期保住了自己的工作。最终，他成了美国新泽西州曼哈顿航运线的老板兼一家大型卡车运输公司的总裁。诚实，使他成就了人生的辉煌。

所谓"诚实"，就是待人处事要诚恳、守信誉。诚实是对孩子的最基本要求，是一个人的立身之本，交友之道。孩子的这种品质需要父母培养好，那么家长应该做的是：

要孩子明白不诚实的害处。其实，很多孩子不诚实不是有意的行为。家长要注意发现问题并及时引导。比如，跟孩子说"狼来了"的故事，告诉孩子：第一次说狼来了大家马上去救他；第二次又喊狼来了，大家出于善良和爱心又去了；第三次真的是狼来了，可是却再也没有人去管他了。父母用举实例、讲故事的方法给孩子讲诚实品质对人的发展多么重要，做人不诚实会带来什么恶果。对社会上那种"诚实吃亏"的错误论调要态度鲜明地进行批判，要让孩子坚信，弄虚作假、坑蒙拐骗的人必将受到惩罚。父母用引导的方式教育孩子，使孩子明白撒谎的害处。

让孩子拥有一颗善良的心。一个孩子心中有了善良，他就会把撒谎当作一个定要避开的罪恶。因此，教育孩子要善良地待人。俗话说"百善孝为先"。善良要从孝敬父母开始。要孩子养成一些好的言行。如早晚向父母问好；外出跟父母打招呼征求意见；父母归来递上一杯水或递上一双拖鞋；别小看这些微不足道的事情，这就是在培养孩子的教养。另外，要孩子感受到"送人玫瑰之手，虽久犹有余香"。关心别人是善的前提，如果孩子对周围的人毫不关心，他就不会感受到人间的真情，孩子在实行自己的欺骗行为时，他就会心安理得。因此作为父母应该经常给孩子讲关心别人的好处，更重要的是让孩子知道怎样去关心别人。

从小培养孩子的责任感。父母要让孩子做一些家务劳动。作为家庭一分子，孩子有责任分担一些家庭劳动。不仅如此，父母还要让孩子学会为家庭分忧，让孩子知道父母支撑一个家庭不容易。这样，孩子就会明白，自己的诚实与否对这个家庭的影响是多么的大。

　　让孩子敢于承认错误。孩子犯这样或那样的错误在所难免，有的家长喜欢套孩子的实话，孩子在家长的诱使下，希望自己能"坦白从宽"。可往往是，父母要么是让孩子屁股"开花"，要么就是横眉呵斥。从此以后，不仅家长的威信大失，孩子诚实的德行也难以形成。其实，孩子撒谎有时只是出于摆脱尴尬而为自己找的一个理由，是一种自我保护的反应。

　　在西方有句话"诚信是最好的竞争手段"，当前的中国孩子，他们将会面临着激烈的竞争。有句古话叫作"人无信不立"，要想孩子今后能有很好的发展，父母应该把诚实教育重视起来，让"诚实"能够早日植入孩子的心中。让孩子做一个诚实的人，孩子才能坦坦荡荡、光明磊落地做人。

孩子会这样骗零花钱

对于一个不听话的孩子，往往是"经济"决定孩了的行为。孩子有钱才能多上网，孩子有钱才能多吃零食，孩子有钱才能在狐朋狗友中间有地位，孩子有钱才能在同学面前有面子。这时，孩子手中的钱，成了孩子变坏的推进器。孩子有很多零花钱，对孩子是有害的。因此，家长为了控制孩子的一些不良行为，往往会从经济上来控制，有的父母尽量不给孩子更多的钱在学校乱花。还有就是有的家庭贫困，他们不能满足孩子的无理消费，孩子的手头就会很紧。所有的这些孩子为了从父母那里得到更多的零花钱，他们只有采取骗的办法。孩子从父母那里骗钱，他们会想出不同的办法，其中重复要钱、搭车要钱和巧立名目，是孩子从家长那里骗钱的主要办法。

重复要钱。孩子会利用学校收费的时候重复向家长要钱。

学校乱收费的情况可以说还是常见的，基本上都是由孩子向家长传达，再由孩子把钱带给老师。在一个班级里，由于各个家庭的经济状况不一样，因此在某一次收费所占的时间都会比较长，这种现象在农村或经济贫困的地方较为常见。因此，孩子利用这次机会向家长要两次钱。因为老师要求交钱的期限比较长，孩子在一开始就提前向家人要，家长对于学校的收费一般都是有求必应的。孩子得到钱以后，是自己花还是上交老师都是很随意的，因为孩子在向老师缴钱的最后期限里还可以向父母再要一次钱。聪明的孩子往往两次要钱的数目是不一样的。这时家长肯定会疑惑：学校为何又要收钱？这时，孩子就会告诉父母："不信你可以去问同学和老师，学校是不是在收费。"无论是孩子哪一次要钱，父母要是核实的话，得到的结果都是学校在收钱。这样，孩子的零花钱就骗到手了。

"搭车"要钱。不管学校收钱合不合法，只要是通过孩子的手把钱交给老师的，不诚实的孩子会利用"搭车"的办法向家长骗取零花钱。比如，学校要收50元钱，孩子可以向家长说是100元钱。当然孩子知道，这种骗钱的方法容易败露，用这种方法的孩子，大都是他们的父母不太喜欢和老师接触的。因此，孩子向家长"搭车"，最普遍的是在孩子利用买一些自己的日用品的机会来完成。比如，孩子需要买一条裤子，本来要180元，可孩子在父母面前说是280元，这样孩子就轻松骗得100元。一个喜欢向父母骗钱的孩子，他们会利用自己花钱的一切机会，向父母"搭车"要钱，父母应该注意孩子的这个坏习惯。

巧立名目。孩子有时会想出各种名目来向家长要钱。比如，孩子会这样对家长说：老师的生日到了，同学们都想给老师买点儿礼物；教师节到了，同学们都想给老师买点儿礼物；元旦到了，同学们都想给老师买点儿礼物……其实，孩子并不是真的给老师买了礼物，孩子给老师买点儿礼物的钱往往都变成了孩子自己的零花钱。

其实，孩子的这种骗钱的小伎俩，局外人往往是很容易识破的，但为何父母不易看穿呢？

就拿孩子重复要钱来说，学校要钱是事实，父母在核实的时候，他很少会问孩子的老师是否"不久刚收了钱"，父母害怕学校不久是真收了钱，这样去问，父母怕对老师有不满、责问之嫌。因为孩子的父母为孩子大都不愿得罪孩子老师的。孩子正是抓住了父母的这种心理，于是，把自己骗钱的名目建立在与老师搞好关系上，这样，很多父母都很愿意为此掏钱。父母在给钱后还无法核实是否真的给老师买了礼物。因为父母从不能问老师："我孩子给你买了什么礼物呀？"这样，父母害怕这样问老师，因有辱老师清廉之嫌。还有，孩子"搭车"要钱父母也没有办法避免，因为不能每一件事都是父母能替孩子完成的，而且现在的商品价格浮动又很大，父母很难找出孩子消费时的谎言。

　　不难看出，孩子之所以敢于这样骗父母，他们都是抓住了父母的弱点。这些父母有的是因为碍于面子，有的是怕麻烦，这给了孩子行骗的机会。减少孩子的零花钱，这对孩子的坏品行有一定的规避作用，但"上有政策，下有对策"，孩子会想一些办法来应对父母，这是父母要注意的问题。

孩子把责任推给老师

　　孩子的学习不理想，孩子的平时表现也不好，当父母因此责骂孩子的时候，孩子有时会把自己的责任推向学校的老师。他们会把学校的老师、管理、学风在自己父母面前说的坏到一塌糊涂。孩子这样做的目的，有的是为了摆脱父母的管束，有的是为自己的一些不良行为找借口。因此，不诚实的"坏"孩子经常会拿老师作为替罪羊。

　　孩子有时候为自己的贪玩不想去上学，在旷课后被家长发现了，这时孩子会在自己父母的面前大肆渲染自己的老师是如何虐待自己，老师的水平是如何低等。之所以孩子向家长这样说，目的也就只有一个：自己现在的错误是老师造成的。家长明白，孩子教育的好坏关键在于老师。于是，孩子就会因此逃脱或减轻惩罚。

有这样一个孩子，由于自己在学校表现不好，老师和家长对他都有很大的意见。一次，孩子上课时逃学在网吧里，被他脾气暴躁的父亲逮个正着。在父母的逼问下，孩子道出了自己逃课的"理由"：他最讨厌他的班主任。有时上着课突然就被班主任叫出去，编个理由让他罚站，往往一站就是半天。这种折磨对他的身心打击非常巨大，之后很长一段时间，他都不太想去上学……他还告诉自己的父母，现在一想到上学就感觉心里隐隐作痛，仿佛是在梦魇。他对老师是越来越反感，自己也没有心思读书了。

家长听了孩子的话，对孩子的错误自然就多了一份谅解——家长上孩子的当了。在孩子的口中，老师似乎是一个虐待狂。其实，老师对孩子的罚站不是没有，但那些罚站都是在情理之中的，根本没有孩子说得那么严重。孩子这样夸大地说，只是想让老师为自己的错承担一些责任，或者期望得到父母的一些同情。

因此，一个平时好犯错误的孩子，在与自己父母谈论学校情况时，他会把学校说得很糟糕。比如，学校是如何乱，某天有人打架都没有老师管；学校盗贼猖獗，同学经常丢东西；

老师上课如何不用心，课堂上同学打架也不管；老师水平如何差，某某知识点都讲错啦……

　　孩子所讲的这些，往往是把它放大了说，这是为以后自己犯错埋下伏笔。如果自己考试没考好，那么把责任推给老师就是顺理成章的事了。如果孩子说学校或老师的好话，自己要是在学校做得不好，那么责任就全在自己了。孩子的思想意识方面父母不要低估了，孩子在不经意中思想就会从单纯走向复杂，也就是说想的事情多了，开始有自己的主见，自己在底下会为自己的错误打小算盘了，正如有些家长所说："孩子嘴巴越来越厉害了，不爱听我们家长的话了。"很多父母有这方面的体会：孩子小时候很听话，从不撒谎，上了中年级，就学会了推卸责任，犯了错误避重就轻，总是先找别人的原因，为自己找理由、借口开脱。

　　因此，孩子在说一个老师"坏"话的时候，不管孩子说的对与错，父母都要用一个正确的方式对待，以防孩子为自己的错找借口。孩子有时候会议论某某老师偏心等，或者在说老师的坏话。在现实中，很多有经验的家长遇到这种情况会去找老师沟通一下，同时也与孩子沟通。老师再怎么不好，但总是有好的地方的，父母要让孩子去发现老师的优点、长处。耐心和自己的孩子聊，公正地帮孩子分析老师的"坏"，引导孩子用正确的态度对待老师。父母要告诉孩子：任何老师都有好与不好的地方。老师偏心谁都不喜欢，但是有的老师就是喜欢偏心，这是人之常情。孩子表现好，老师也会喜欢他！

孩子在谈论某个老师，说老师偏心的时候，这个时候往往是为自己抱不平的。因此，对孩子这样去说，孩子就会感到你没有站到他那一边去，找借口的念头就会小很多。

人人都知道"教师是天底下最光辉的职业""教师是人类灵魂的工程师"，这无可争议地成了教师们共同的标签。父母不要因为孩子的误导，一时间老师就成了父母唾弃的对象，这样，孩子犯错就有理可循了。

撒谎是为逃避责备

不诚实孩子的一贯表现就是撒谎。当孩子有撒谎行为的时候，不同的孩子都有各自不同的理由。孩子"撒谎"，父母要认识孩子这种行为的本质或心理属性，那就是孩子撒谎是因为"趋利""避害"这两者之一，或者两者兼而有之。

父母对孩子错误的一味责备是孩子撒谎的原因之一。在孩子刚刚出现错误时，很多家长见孩子有点错误，不是大声责骂，就是用体罚来对待孩子。久而久之，给孩子的感觉就是父母有一个习惯：自己有错误父母肯定会骂自己。没有哪个孩子不怕家长惩罚的，于是孩子犯了错，总是想方设法地瞒着家长。当家长发现了孩子的错误，孩子就会编谎话欺骗家长。比如，孩子考试不理想，看到成绩单后的第一个反应是：坏了，回家又要挨父母的责备了。于是，孩子为了避免父母的责骂或体罚，孩子就会用虚报高分来搪塞家长的询问。所以，孩子撒谎的原因往往就是为逃避父母的责备。当家长对孩子错误的责备形成一种习惯的时候，孩子的撒谎也就形成了一种习惯。

有些家长认为：孩子"不打不成才""棍棒下面出孝子"。因此只要孩子有一点儿过失，父母不是打就是骂，使孩子在错误面前惶惶而不可终日。中国家长最常见的责备手段是在打骂后还要罚站、罚跪、不准吃饭。其实，这种教育方法不但不能使孩子认识到错误，还会使孩子为逃避打骂而不讲真话。因此，打骂、体罚会给孩子的身心健康带来极坏的影响。

孩子的表现不可能是尽善尽美的。由于孩子的不成熟，一不小心就会犯了错误，比如，判断失误、记错事情、受人干扰分了心……这些大人们不会给孩子澄清、解释的机会，于是，孩子就会想办法编造借口以逃脱惩罚。现在，让我们看一些孩子逃避责备的伎俩。

"这不是我干的"或"这不是我的错"。否认是孩子在逃避责备时常用的手段。当孩子乞求宽恕时，这种精心编造的借口经常会脱口而出。即使是孩子做的、是孩子的错，孩子也会全盘否认；孩子在逃避指责时，经常会含糊其词，或者故意隐瞒关键问题；他们常常会说一些夸大其词的谎言；他们对大人的责问会以掩盖真相为目的，说话无中生有、言不对题或真真假假。这些欺骗伎俩的目的昭然若揭：不过是想方设法地逃避惩罚罢了。随着孩子编造借口逐渐习惯成自然，撒谎的技巧渐趋熟练，孩子也就积习难改了。

孩子养成为逃避责备而撒谎的习惯，等于做出了一个危险的选择——用撒谎逃避责备的孩子，往往都继续了自身错误，并且一个谎言需要几十上百个谎言来支撑，这个"定律"使得孩子的谎言得到广泛使用。

既然孩子撒谎的目的是为了逃避父母对他们的责备，那么家长如果能和孩子民主相处，让孩子把他自己正确和错误的行为都告诉家长。

家长给孩子分析哪些是对的，哪些是错误的；耐心细致地给孩子讲解，分析哪些地方错了，为什么会错，有什么危害。这样孩子不仅懂得了道理，而且十分容易接受。父母对孩子没有了责骂，孩子有什么错误就不怕跟家长说了，那孩子自然就不用说谎了。

所以，家长要想改变孩子说谎的毛病，就必须要关注孩子谎话背后的恐惧心理。家长最好能放下长辈的架子，站在孩子的角度，设身处地地为孩子想想，孩子为什么要撒谎？父母对于不诚实的子女，不能总是责备，更不能讥讽、打骂孩子，那样只会雪上加霜。家长要注重和孩子进行沟通，能成为孩子的感情归宿，孩子就会跟父母讲心里的话。

撒谎是因为虚荣

有些孩子，为满足自己的虚荣心，往往容易胡编乱造，瞎吹瞎说。因为一个有着强烈虚荣心的孩子，他总是热衷于追求表面上虚假的荣誉。他有时为取得大家的肯定，往往竭力地去追求浮华、虚名……当这些在实际中不能得到的时候，孩子就会用撒谎的方式得到，因为这是满足自己虚荣心的一条捷径。有一个故事，就可以说明虚荣是需要谎言的。

在一个寒冷的冬天，一个穷书生穿着单衣在寒风中瑟瑟发抖。这个书生却以家贫为耻，他不愿意让人知道自己家里很穷。他的一个朋友问他："这么冷的天，为什么只穿单衣服？"穷书生忙回答："我从小得了一种热病，不能穿厚的衣服。"朋友听见了，知道他在说谎话。一次，穷书生应邀到这个朋友家做客，朋友留他到天晚，问他为何在冬天不穿棉衣。

他还是说有热病，朋友就说："那今晚你在花园的凉亭内休息吧！"穷书生没到半夜就冻得受不了，于是就逃走了。第二天，朋友碰到了穷书生，问："昨夜留宿你为什么不告而别？"穷书生说："唉，我怕日出天太热，所以趁着早晨凉快就走了。"可见人们对虚荣的掩饰，他们用的就是赤裸裸的谎言。

孩子的不诚实，有时就是因为心里面的那颗虚荣心在作祟。

虚荣的孩子经常利用撒谎、投机、耍手段等不正常方法去猎取名誉，而且通常是不愿脚踏实地去做事。比如，孩子有时为了获得他人的表扬，他们会用抄袭的办法使自己在考试中得到高分；把自己的钱交给老师，使自己获得拾金不昧的赞誉；还有的向父母虚报自己在班级里成绩的排名等。用这种方式获得名誉后，孩子还大力地宣扬自己，并心安理得地享受着。他们好在同学中攀比，如看见别人穿了件新衣服，自己就一定也要买件漂亮的衣服；自己穿了双新鞋时，他会把脚伸给别人看。孩子还喜欢夸耀自己家的富足；孩子还会装作自己家什么都有，自己什么都会。在生活中，一个虚荣的人，一方面会对自己所犯的错误百般地掩饰，同时，他们又会极力地回避错误；另一方面他们对自己的优点会在朋友中夸大，他们对于自己生活中的一点点优势，都会极力地在他人面前炫耀。

有一个笑话，说两个不同校的孩子遇见了，双方说起了自己的特长，甲孩子："你最近在学校都学些什么呀？"乙孩子："我呀，在学校学画画，还拿了个全校第一。"甲孩子听了有点不忿："有什么了不起，我有一次在家画了一只蜻蜓，害我妈妈连续抓了好几天呢。"乙孩子："那算得了什么，我有一次在地板上画了一条蛇，吓得我爸爸破门而逃，可没想到那门也是我画的。"

孩子为了满足虚荣心而编制谎言，是由于虚荣心最本质的特征就是过分追求印象、名声等虚无的东西。柏格森说："虚荣心很难说是一种恶行，然而一切恶行都围绕虚荣心而生，都不过是满足虚荣心的手段。"当孩子不能树立和维持一个好的印象和名声时，就靠编制谎言去树立形象。由于虚荣，孩子便去撒谎，并希望长期隐瞒事情的真相，自己的某种弱点或缺点，唯恐被别人发现，这样已经树立起来的威信和形象就会受到威胁。孩子既然说的话是假的，人就会心虚，总是担心别人识破自己，终日处于紧张的状态，就可能形成郁闷、多虑、怀疑等不良心态。

孩子由于虚荣心的驱使，会隐瞒事情的真相，掩饰自己的错误。本来真实的语言，会由于虚荣的压抑与支配而消退，变质，表现出来的是一种虚假的言语。这些孩子在生活中总会死守面子，做事时一切以面子为重，这样爱虚荣的孩子，在生活中更会变得很虚伪。因此，父母要告诉孩子：要敢于承认自己的不足，要敢于对自己不会做的事、不能做的事说"不"，这样，就会使孩子变得更诚实。

第二章

锻炼孩子的尊重意识

要孩子学会尊重

在现实生活中，我们往往会发现许多孩子非常聪明能干，但是却不会尊重他人，有的孩子目空一切，不把任何人放在眼里。因此，用心去教会孩子应该怎样学会尊重，这也是对孩子最为重要的教育方面。让孩子学会尊重他人才是今后真正得以立足的关键。让尊重他人真正成为孩子们的一种品质，一种素养。如果你的孩子不会尊重他人，父母应审视一下自己的教育方法是否出了问题。

王爷爷正在和他的亲戚闲谈，14岁的孙子扬扬走过来拉他的胳膊，说要喝酸奶，而且是马上要爷爷去买。王爷爷说："稍等一会儿我就给你去买。"然后又回过身说起话来，扬扬突然大叫道："爷爷，你给我闭嘴！"孙子这样对待他使王爷爷在客人面前感到羞愧。但是使他真正感到悲伤的是，扬扬这样对他不是一次两次了。事情怎么会发展到这种地步？

　　当然，我们不可否认有社会的不良影响，但更多的是家庭的影响。的确，任何看电视的人都会很快发现，电视节目充斥着孩子随便对大人回嘴谩骂的现象。但是，更多是父母养成了孩子这种无法无天的态度，而有时候是父母在善意与不知不觉中起了决定性的作用。所幸的是：尊重是可以培养的——即使是对那些已经养成目无尊长习惯的孩子也是如此。要孩子懂得尊重别人的重要，学会如何尊重别人。

　　这是一个极其普通的家庭。冬春换季的时候，母亲把放了整整一个冬天的该用得着的生活用品拿了出来进行整理。母亲意外地发现，儿子去年秋天才买的一双鞋子已经穿着不合脚了，虽然这双鞋子还比较新，但是没有合适的人可送，最后也只好决定丢掉。儿子于是自告奋勇地要把鞋子丢进垃圾箱里去。但是，母亲却阻止说："别忙。"一边说一边接过这双鞋子，拿出鞋油和鞋刷，细细地擦拭、上油。儿子不解地问："不是要丢掉吗？"

　　"是的，"母亲头也不抬地回答，"但这是一双还能穿的鞋子，捡垃圾的人或者别的人也许会穿的。我们要把鞋子擦得干干净净的，这样做是对受施者的尊重。"

鞋子擦好了，亮得几乎让人舍不得丢掉。母亲把鞋子递给儿子："去，现在你可以把鞋放在垃圾桶旁边了。"于是，儿子照做了。

后来，母子二人在阳台上，隔着透明的玻璃窗，看到那个捡垃圾的人快乐地、小心翼翼地收起那双鞋子，迈着比以前轻快得多的步子踏上归路。丢掉一双已经不能穿的鞋子是一件太寻常的生活琐事，然而，故事中的母亲却把它演绎成了一个教育自己孩子学会尊重的故事。这位母亲拥有一颗对他人尊重的心，这种尊重也会影响着他的儿子。如果在实际生活中能用自己的行动引导孩子学会尊重，相信孩子也一定不会目无尊长。

当然，要孩子学会尊重，作为父母要对孩子有一些原则，第一，要使孩子了解到家长与孩子不是站在同一个平面上，父母必须经常地立下一些孩子不可以抗辩，必须遵守的规矩。不要每次都为必须遵守的规矩做解释，父母不必给孩子讲道理来说明为什么他要这么做。当然，有时需要解释一下遵守规矩的理由，但父母不要老是和孩子协商，因为父母是在做决定，不是在做交易。

第二，合理的限制不会压制孩子的天性。在家里无法无天的孩子很难适应外部世界的限制，相反，权威能使孩子感到安慰。虽然有时孩子会不遗余力地反对它，但权威使孩子感到家里有人掌着舵，使他们更有信心处理生活中的难问题。这样，对孩子合理的限制会有很好的约束作用，这便于使孩子学会尊重。

第三，要求孩子用尊重的语气讲话。许多孩子在最初冒犯了长辈以后都会感到内疚，如果你对孩子的粗鲁语言不做出反应，过了一阵了孩子就会习以为常，不再在乎他的语言是否会伤害长辈。因此要对孩子的粗鲁行为进行"惩罚"，比如，在孩子的粗鲁行为发生以后，你可以说："你对我的不尊重使得我们家今天的氛围不和谐，所以你今天晚上说话的时间就得减少。"父母在家里要明确表示自己的一些观点，如"我不认为打人是个好办法""我不认为我们可以伤害别人的情感""做了错事以后要道歉"等。

第四，要获得孩子的尊重，父母先要尊重长辈，我们得承认，并不是所有的长辈都值得我们的尊重，但是当成人在孩子面前贬低一个长辈的时候，孩子就得到了可以不尊重这个长辈的信息了。

孩子不尊重人，往往是在开始就不知道自己如何去尊重他

人，当孩子的放肆行为成为一种习惯时，目无尊长也就很自然
了。所以，教育孩子，就要让我们的孩子学会尊重，这是坏孩
子变好的第一步。

延续传统的教育

中国文化源远流长，在几千年的文化沉淀中，先人们给我们积累了很多教育经验。可现实的状况是，很多父母都在排斥一些传统的教育方式，他们在教育孩子的时候，挂在嘴边的口头禅是"现在的孩子，用老方法不管用了"，其中的"老方法"，就是指中国传统的教育方式。我们不能说中国几千年来积攒下来的一些传统教育经验都一无是处，相反，其中却有着很多的精髓。有的父母说"用老方法不管用了"，其实不是老方法不管用、老方法过时了，而是很多父母并没有用到真正的好的老方法，或者是他们把一切传统的教育都列为"封建"的行列，认为"传统=封建"。这样，在中国的很多父母既不延续传统的教育思想，又掌握不好新的教育理念，对于孩子的教育，就像对待广袤无边的草原上的羊群，对其不加任何的管束，让它们自然地生长。用这种方式培养出的孩子，往往是有着身体的健康，但品德多有不足。可以这么说，现在的孩子无法无天、目无尊长，很大一部分是缺少传统的教育，因此，在教育孩子上，父母要多用一些传统的教育方式。

在家庭中，对孩子跪拜尊长传统教育不可缺失。

谈到"跪"这个字的时候，很多人认为这是最令人痛恨的封建礼教中的一种行为，更不足以提倡把它用到孩子的教育中来。人们排斥"跪"的原因，更大一部分是由于在旧社会封建礼教给人留下了阴影；另一方面就是有碍于对他人人格的尊重和有着体罚的意味。在教育孩子上，后者又是极其违背现代教育原则的，因此，父母在教育孩子时，他们不会用"跪"来教育孩子。但是，如果在家庭教育中，父母能在跪中做点文章，把"跪"推陈出新，这对孩子的德行教育是非常有效果的。

我们很多人可能没有去过日本、韩国等东南亚的一些国家，但我们可以在一些电视剧中看到一些日韩等国的风土人情，其中跪拜尊长是他们常见的礼节。比如在韩国，子女新婚归来要向父母行跪拜礼，过年过节时晚辈也要向长辈行跪拜礼。但在中国这些礼节越来越少见了。可能是必须对尊长有那一份跪拜的尊重，我们可以看到韩国人说话很有分寸，对尊长说话绝对不容许使用对平辈、晚辈的语言，一定要用敬语。

　　但不可否认，在中国的一些家庭中，有时也用"跪"来教育自己的孩子，可是，这些父母却把"跪"当成了对人的一种责罚，这就与封建礼教无异了。因此，对孩子提倡"跪"的教育，我们要在适当的时候，用适当的方式，把它变成一种教育孩子尊老的手段。比如，祖辈、父辈大的寿诞时，在春节，在子女大婚时，我们可以适当地要求孩子向长辈行一些跪拜礼。要告诉孩子，在尊长寿诞时跪拜，是感谢他在生活的艰辛中最先建立了这个家庭；在春节时跪拜尊长，是感谢他们一年来对这个家庭所做的辛劳和贡献；在子女大婚时跪拜尊长，是感谢父母的养育之恩。在孩子的教育中，合理地融入跪拜，可以养成家庭尊老的氛围，对孩子尊老的培养很有好处。

　　有一年的母亲节，在深圳静颐的茶馆，就有人组织孩子跪拜母亲的活动。母亲们看着跪在自己面前的孩子时流下热泪，孩子们看到母亲流泪也跟着流泪，然后紧紧地拥抱在一起。周围的人们一个个都控制不住激动的泪水。一个不到两岁的男孩，看到别人在行礼，也跑到母亲面前说："妈妈，我也要跪！"更没有想到的是，在场的一个念大学的儿子也提出跪拜他的母亲，并把母亲也拉到台上，与旁边站的是一个三岁的女

孩同时行跪拜礼，他的母亲也流下了眼泪。我们不难看出，这场跪拜是多么有感染力。

当然，我们在家庭中不仅要提倡跪拜活的人，对于死去的先人们，我们也要在孩子中间提倡用跪拜的方式缅怀他们。

我们不能把祭悼先人都当作是迷信活动，适当地在清明、春节等特殊的时候对祖先进行焚香跪拜，对孩子尊老的教育是很有好处的。父母应该向孩子明确祭悼先人的目的：因为祖先在千百年来走过战乱，走过瘟疫，顽强地面对种种灾难，最后才把生命传承下来，使他的子孙能幸福地活在今天，我们祭奠是因为我们感恩。父母教育孩子对于千百年的祖先都要怀念、感恩，那么他对眼前的父母尊长哪还有不尊重？所以，我们要延续传统的教育，并把它赋予新的含义，这样对孩子的教育是非常有效果的。

在传统的教育方式上融入新的含义，使孩子感受到尊老的真正意义。如果一个家庭能延续这些传统的教育，孩子在成长的过程中目无尊长的可能性就会很小，因为这种传统的教育一直使中国有尊老的传承，教育效果就显而易见了。

在孩子面前树立威信

　　孩子为什么不知道尊重家里的长辈，其中的原因就是在对孩子的教育过程中，这些长辈在孩子面前失去了威信。许多长辈都知道，自己在孩子面前的威信是教育好孩子至关重要的一点。可是对于如何树立自己的威信，以及树立怎样的威信，孩子的一些长辈则不清楚了。很多长辈对"威信"一词存在不正确的理解，以至于对孩子的教育造成了不良的影响。长辈采取把威信建立在威胁、惩罚和恐吓之上，使孩子对长辈产生畏惧。一味地严肃，甚至以粗暴的方式对待孩子，这只能使孩子怕长辈，这种怕并非尊敬，尊敬是孩子发自内心的佩服与尊重。这样的家庭教育环境，往往使孩子养不成良好的品质，使孩子深受其害。长辈的威信是长辈和孩子之间的一种积极肯定的相互关系。这种关系的基础是长辈对孩子的尊重以及孩子对长辈的爱戴，不是训斥与听命、支配与服从的封建君主的威信。

　　我们常听到父母抱怨自己的孩子："他越来越不像话，老是和大人顶嘴""他动不动就骂人""他在家是小皇帝，谁都敢打"。这种情况在很多家庭都存在，晚辈不把长辈放在眼里，任性骄横，这是由于长辈在晚辈面前没有威信所致。在孩子的成长过程中，长辈在孩子心中的威信是很重要的，它是孩子对长辈尊重的前提，如果长辈对孩子没有威信，那么任何孩子都不会自然地对长辈尊重的。

　　那么，什么是威信？从长辈的角度看，威信是一种威望和信誉；从孩子的角度看，威信是一种对长辈的尊重和信从，两者相互作用，相互影响。教育家马卡连柯认为："威信就是教育者和受教育者之间的这样一种正常的相互关系，即后者由于尊敬和信任自己的教育者而遵从他们的意志、要求和指示。"那么，作为一个长辈，在家里如何在孩子心里树立威信呢？

　　首先，身为长辈的自己要做得好。古话说："其身正，不令而行，其身不正，虽令不从。"如果要让长辈对孩子产生威信，还要以身作则。比如，要纠正孩子不讲卫生的坏习惯，你光靠一遍遍地说还不行，还要做给孩子看。孩子看到长辈的行为自然会模仿，同时也就比较容易接受长辈的要求了。想想，如果长辈自己都做不到的事情却要求孩子去做，孩子怎么会来听你的？身教胜于言教，要在孩子面前树立威信，长辈必须以身作则，做出榜样。只有长辈自己始终如一地严于律己，就会给孩子耳濡目染、潜移默化的影响，也就会赢得孩子的信赖与尊重，这才是威信。

第二，对孩子的教育要一致。长辈统一要求也是建立威信的重要条件。不仅家庭成员之间的要求要尽可能统一，而且长辈的前后教育都要一致，要善于控制自己的言行，不能一会儿高兴起来随便地对待孩子，心情不好时又严格地对待孩子。不要让孩子觉得长辈一个往这边走，一个往那边走，让孩子无所适从。对待孩子的教育问题，长辈之间要相互支持，即使有一方处理得不妥当，也要等孩子不在场时，双方交换意见，统一教育方法，再由自己去纠正处理，这样才不影响长辈在孩子面前的威信。

第三，身为长辈不仅强调"威"，而且还不能忽略"信用"的重要性。许多调查都显示，很多长辈之所以在孩子面前不太有威信，往往就是因为不守信用。威信就是让孩子对长辈产生一种信任感，这不是靠说教或者是打骂的方式能建立的，长辈言而有信才是最重要的。恪守"言必信，行必果"的原则，这样就会使孩子感到长辈是说到做到的，从而能够自觉地听从长辈的指令，接受对他的要求。

因此，要孩子尊重老人，特别是家里的长辈，要孩子养成良好的品德是一个方面；另一方面，长辈自己要学会在孩子面前树立威信。在生活中，长辈对孩子的关心与帮助，对孩子人格的尊重及信赖，可引发孩子内心深处的真诚感激，并努力按照长辈的要求去做，这样日久天长，长辈和孩子之间会形成一种亲密的关系，孩子对长辈就会知道要多加尊重。

最后，消除孩子的逆反情绪

有这样一些孩子，他们对待家庭以外的长辈都会有一些尊重，但对待家里的长辈就没有好的言语。孩子对待家里面长者不尊重，有时候并不是孩子在品德上有多么坏，真正的原因可能是在孩子心里有着逆反的心理。也就是说，可能是由于长辈在教育孩子的过程中方法不当，使孩子对待家里的长辈有逆反情绪，这使得家里的长辈在孩子面前得不到尊重。

在中国的家庭教育中，有可能是所有的长辈形成一种合力来对孩子进行教育，特别是一些年纪比较大的长辈，他们的教育方式可能是对孩子以批评责罚为主，这样就激起了孩子的反抗心理，于是，他们对教育自己的长辈就会以蔑视的方式回击，孩子就会表现得目无尊长。

　　我们知道，家庭对孩子的教育往往是离不了批评的，可是，批评之后的善后工作会关系到教育效果的好坏，长辈的批评一不小心就会使孩子与长辈对着干，这有时就是孩子目无尊长的根源，因此，长辈在批评教育孩子的时候，一定要及时消除孩子的逆反情绪。

　　孩子做错了事，作为家里的长者对其进行训斥，这是无可厚非的，但长辈批评后对孩子的安慰要比批评孩子更重要。长辈在对孩子批评后就随之弃之不管，孩子就会出现反抗心理，特别是长辈对他再批评的时候，孩子对长辈的反抗心理就会更强烈。一个人对另一个人有了反抗心理，他们之间就不会有尊重了。

　　反抗是孩子趋于成熟的标志，因为正是孩子对问题有了自己的想法，他才会反抗长辈对自己的教诲。孩子在成长中的这种现象被心理学家称为"逆反期"。孩子进入逆反期以后，他会顶撞教育自己的长辈，这也是对长辈的批评和指责怀有不满的表现。因为成长起来的孩子自我产生的要求，与长辈对他的要求有所冲突，孩子在这种冲突中历练才会长成熟的大人，同时，在这种冲突中，孩子也会对长辈产生轻视。所以，为了防止孩子在长辈批评后的不平和不满中留下伤痕，长辈要对自己的批评善后，这样才能得到孩子的尊重。

长辈在必须批评孩子的时候，一定要毫不手软地去批评，但在批评之后，长辈要及时地伸出"救援"之手。例如，在批评完孙子之后，爷爷可以这样说孙子："爷爷骂了你，口都干了，快去给爷爷倒杯水，不然渴死爷爷你就没有这么好的爷爷了。"这种幽默打趣地语言既可以消除孩子紧张的情绪，也能使自己冷静下来反省自己的问题所在。如果长辈对孩子骂后便置之不理，孩子就不会反思自己的错误，不往深处去想自己为何而受到批评，反而会憎恨长辈的批评。

显然，在孩子的逆反期，长辈除了做好善后工作外，还要注意以下两点：

第一，要减少孩子对长辈对其批评教育的反抗感。长辈对孩子的批评，不一定非要当面斥责，这样会引起与孩子的正面冲突。因此，为避免发生冲突，长辈可以利用第三者和写信的方式来对孩子进行批判教育，这样，孩子往往会冷静地接受长者的意见。

第二，创造一种首先尊重孩子，接纳孩子，同时孩子也能接纳自己的气氛。在批评孩子的时候，不要用批评指责的口气，而是对孩子用建议、商量的口气。如果孩子顶嘴，要有一份耐心听完孩子的辩解，然后用讨论的方式来与孩子共同探讨事件的对错。

在孩子成长的过程中，孩子与长辈的争执、顶撞，有时是孩子从幼稚走向成熟中的自然现象。在这个过程中，如果长辈对孩子的教育态度过于草率，那么孩子就会因此养成对老不尊的习性，孩子的德行会因此变坏。所以，能注意消除孩子的逆反情绪，那么孩子至少不会因为逆反而变得目无尊长。

把孩子当成家里的"皇帝"

皇帝虽然我们没真正地见过，但我们常常能从电视上看到，他就是过着衣来伸手、饭来张口的生活，并且在所有人中间是地位最高的人。在这个21世纪的社会，特别是在城市里，还有不少是在家庭中被当作"皇帝"的孩子。

由于我国在这30多年来实行计划生育的政策，现在的家庭中，很多的家庭只有一个孩子。在这一个孩子的身上，所背负的不仅仅是父母两个人的期望，在这个孩子的身后，还有爷爷奶奶、外公外婆更多的寄托。因此，一个孩子，除去七大姑八大姨，他至少有六重特别的关爱，孩子在这多重的关爱中，也就渐渐地变成了"皇帝"。

把孩子比作皇帝，其实一点儿也不为过，因为现在家庭对孩子的待遇有很多皇帝的特征。

　　从孩子的衣着上看，他们的衣服是很多的，因为关注孩子的人多，他们对孩子的爱，一部分就化作了给孩子买这买那，因此一个孩子的衣服可能有上百件。孩子的衣服不仅多，而且还比较贵，因为现在的人在给孩子买衣服时，他们只要求"好"，这种好的标准是：一要品牌，穿得有档次；二要环保，穿得有理于健康；三要款式新颖，穿得显漂亮。对于衣服的价钱，他们是不在乎的，很多父母并不是特别有钱，他们只是想让自己的孩子过得更好一些，因此他们给孩子买的衣服往往都是比较昂贵的。不仅如此，孩子的衣服还非常齐全，不同的场合有不同的衣服：有睡觉穿的，有上学穿的，有休闲穿的；不同的时间有不同的衣服：有不同季节的衣服，有季节交替时的衣服……可以说，仅从孩子所穿的衣服看，有时家人都到了浪费的地步。自己的衣服总是最好的，孩子就会在家里变得自私和虚荣。

　　从孩子玩的看，家长们的投入也是很大的。对于适合孩子年龄的玩具，即使非常昂贵，家长也毫不吝啬，小到几块钱的那种到手就丢的小玩具，大到价值几百上千的玩具收藏，家长往往都会满足孩子。家长不知道这些奢侈品会给孩子养成奢侈的品德。

　　从孩子吃的看，家长总是把最好吃的、孩子最爱吃的、最有营养的东西留给孩子吃。家长对孩子的这份特殊，使孩子对父母缺乏体贴。不是有这样一个故事吗？

　　说有一个母亲去看远在他乡当官的儿子，在吃饭的时候，儿子却把鱼头夹给了自己没有门牙的母亲。看着儿子现在的富贵，想到儿子小时候自己总是把鱼身子留给儿子，自己吃鱼头，母亲伤心地流泪了。可儿子并不知道是母亲把鱼肉省给自己吃了，孩子以为母亲就喜欢吃鱼头。

　　不难看出，很多孩子被家人当成了"皇帝"。既然孩子在家有了"皇帝"的地位，孩子在所有约束、家规面前都会一路绿灯，所有的规则在孩子面前已经不重要了，他们可以超越家庭的一些界限做自己想做的事。孩子没了规矩，孩子还有什么事情不敢做？父母、爷爷奶奶把孩子当作了"皇帝"，这时的孩子在教育上就会缺失，家庭教育是建立在父母对孩子的态度和家庭规矩的基础上的，这时，规矩在孩子面前已经丧失了限制作用，再加上大人对孩子的暧昧态度，孩子的家庭教育根本就无从谈起。

　　把孩子当作家里的"皇帝"，说白了就是过于宠爱孩子，家长在对孩子的宠爱间破坏了孩子成长的原则，这样不利于小孩责任感、成就感等个性的培养，将会助长孩子的依附性，削弱竞争意识和顽强斗志。

现在的部分家长对孩子过分宠爱，无原则地满足子女的欲望，为孩子设计了"吃的讲营养、穿的求漂亮、玩的需高档、用的要排场"的生活方式。这种"爱"法容易造成孩子自私任性、骄纵虚夸，孩子在长大后多半不会爱护他人、体谅他人，相反地，会使孩子无法无天，从小就目无尊长。

爷爷奶奶是"孙子"

由于中国人的传统思想的影响，人老了以后总希望自己有个孙子，因为孙子是爷爷晚年的生活乐趣和生命的延续。于是，爷爷没孙子时盼孙子。然而，社会生活中有这样一些现象，就是当爷爷奶奶有了孙子以后，自己却变成了"孙子"，其中的原因，除了爷爷奶奶过于宠爱自己的孙子之外，还有孙子在爷爷面前的娇纵，当孙子娇纵得都目无尊长时，这时的爷爷就成了"孙子"，孙子就成了"爷爷"。

孩子变得目无尊长，很大一部分表现在孙子不拿爷爷奶奶当回事。当然，孩子不尊重爷爷奶奶，那也是周瑜打黄盖——一个愿打，一个愿挨。孩子对爷爷奶奶的不尊重，爷爷奶奶也愿意接受，这可能就是他们所享受天伦之乐的一部分。因此，孩子目无尊长的品行，最先是由爷爷奶奶"培育"的。

我们先看看现在的爷爷奶奶对孙子的态度。

说到这个话题，我们不得不提及中国传统思想的影响，对于养孩子，一是为了传宗接代，不孝有三，无后为大；一是为了"防老"，孩子使自己老有所依。这两种思想在老辈人的心里尤为根深蒂固。再一个就是中国人对于家教责任的习惯性划分，中国的父母认为，自己对孩子的教育责任，一是只针对自己的儿女；二是到孩子结婚后，父母对孩子的"义务"也就完成了。在这样的一个家教环境下，祖辈就不会对自己的孙子进行教育，他们认为教育孙子应该是"父母"的责任，自己插手不得。爷爷不教育孙子的这种现象的又一个原因是父子的教育理念不同，爷爷教育孙子，本是"越权"的行为，当两代人为教育孩子发生冲突的时候，祖辈往往会感到自己出力不讨好，还会被孙子冷落，更会因此少了不少天伦之乐，这样会得不偿失，不如在孙子教育的问题上罢手。

因此，孙子在爷爷的面前只起到两种"作用"：一是自己的血脉得以延续，对得起地下的祖宗；二是孙子能给自己的晚年带来乐趣。一个中国的祖辈在晚年如果能得到这两方面的满足，比得到什么都强。爷爷对孙子不会有什么依赖，更不要依靠孙子什么，对于孙子长大后能否有承担更多责任的能力，作为爷爷是不会考虑的，孙子在他的面前成了他的乐趣，爷爷只要开心就行，孙子开心爷爷就开心，孙子不高兴是爷爷最大的痛苦。于是，老人对孩子总是百依百顺的，如果你告诉老人不要对孩子过度的溺爱，这是有害无益的，但老人们就会摆出一个充分的理由：孩子和我相处的时间有限，要开心才是最很重要的。所以，爷爷总是想方设法要自己的孙子开心，只知一味地宠孩子。

爷爷有这种态度可能并不是最可怕的，可怕的是孙子大多都是爷爷奶奶带养的。因为父母工作忙，没有太多的时间来带孩子，孩子自然就放到了爷爷奶奶的身边，可他们对孙子是"养而不管，宠而不教，爱而不育"，把对孩子的管理和教育习惯性地寄予孩子的父母，这就使孩子"生活与管教"两条线。

孙子在这样的环境下，他就少了很多约束，爷爷奶奶不管束孩子，孩子就会任由自己的性子做事，爷爷奶奶就成了"孙子"，其中更直接的缘由是这样的：

一是爷爷奶奶溺爱孙子，孙子的很多无理要求在父母面前得不到满足，在爷爷奶奶面前都能实现，就是孙子的要求再苛刻，爷爷奶奶也会满足孙子的要求，因为爷爷奶奶不忍心看到自己的孙子不开心。有一些做爷爷奶奶的，在孙子面前到了低声下气的地步，祖辈的威严荡然无存，在孙子面前成了"孙子"。

　　另一个是当爷爷奶奶感觉孙子太过分的时候，他们也会加以管束，对于孙子的一些无理要求和不满行为也会加以批评教育。这时，在爷爷奶奶面前娇纵惯了的孙子，根本容不得爷爷奶奶的批评，他们会用极其恶劣的态度对待自己的爷爷奶奶，有的会用厮打、辱骂的方式迫使爷爷奶奶满足自己的要求，这时从他们彼此的态度看，他们像是调了个身份，孙子变成了"爷爷"。

　　爷爷奶奶是"孙子"的现象是很普遍的，因此父母在把自己孩子托付给爷爷奶奶的时候，自己一定要多加关注孩子的教育，不能把孩子的教育全寄托在爷爷奶奶身上，这样往往会使孩子养成不尊重人的品德，因此会变成一个目无尊长的坏孩子。

不尊重老师

　　现在的孩子知道老师不能体罚学生，他们好像一下抓住了老师的弱点，不加利用，好像觉得对不起这个权利。所以，在学生的眼中，把老师气得火冒三丈，但是老师又不能拿他怎么办，这是他最开心的，也是在同学中最值得炫耀的事。孩子如果目无尊长的话，他在学校里对待老师又是一个什么样子呢？有时候老师反映的只是孩子在学校里的大事，对一些鸡毛蒜皮的小事，这可以说是家长不知道的，但其中却透露着孩子对老师的不尊重。一个目无尊长的孩子，他在学校里根本不会对他的老师有多少尊敬。最明显的表现就是反映在孩子对老师的称呼上。

　　在坏孩子的眼里，私下里对老师不会称之为老师，孩子会根据老师的不同特点，给老师提出形象诙谐的外号，外号来自几个方面，一是来自孩子的"创新"，他们会用比喻、借代的手法给老师起绰号：黑的老师可能被叫作"木炭"，胖的老师可能被叫作"肥猪"，爱发火而脸色又不好看的老师可能被叫作"猪肝"……二是套用众所周知的反面人物形象：严厉的女老师可能被叫作"母夜叉"，说话文雅的语文老师可能被叫作"孔乙己"……

　　孩子会给老师一些特殊的称谓，当孩子用他们独特的方式，在私下里称呼自己的老师的时候，他们会在一起快乐地大笑，在取笑老师中寻找着自己的乐趣。

　　在称呼上老师得不到尊重，那么在课堂上这些孩子又会如何去捉弄老师呢？目无尊长的孩子，老师压根就不能要求他用"好好听课"的行动来体现对老师的尊重，相反的，他会用很多手段来戏弄自己的老师。在课堂上，他们最常用的方式就是起哄，当老师在批评一个同学或课堂出现突发事件的时候，他们就会浑水摸鱼，他们用尖叫、接老师的话、提问题等来给老师添加麻烦。比如，老师正在批评另一个同学，这时孩子就会站起来，打断老师的话，向老师提出一个"学习上"的问题，从而叫老师无法批评那个孩子。其中的意图，谁都能看得出来，但老师也没办法。在课堂上另一个对老师不敬的行为就是在老师的背后做一些小动作。当老师从自己身边走过的时候，他们会把笔管里的墨水偷偷地甩在老师的背后，弄脏老师的衣服；还有的就是做一些手势，比如，做砍杀等攻击老师的动作；还有的孩子偷偷地在老师的背后贴小纸条，上面写着一些不文明的话，有的老师直到下课还全然不知地背在背上。

孩子对老师的不尊重，反应最明显的是在老师批评他的时候。老师批评学生，按理说孩子应该虚心接受，但目无尊长的孩子则不然，他们用不同的方式表现出对老师的不尊。

一是不给老师批评的机会。老师批评孩子，总要站在一起吧，可目无尊长的孩子一发现老师要批评他，他就来个"三十六计，走为上计"，老师没有办法把他唤到自己的面前，他总是和老师保持一定的距离。他知道，老师不会边跟在他后面跑边教训他的。

二是听而不闻、视而不见。老师在他面前苦口婆心地说教，他会视老师为无物，是"歌照唱，舞照跳，天照聊"，就像没有那么一回事一样。当老师说完以后，老师还没叫他离开，他到先向老师来一句："说完了？我可以走了吧！"说罢，扬长而去。

三是面对老师的批评插科打诨。这是一个发生在老师和学生之间一段真实的对话：

　　老师："你过来一下！"

　　学生回答："你过来！"

　　老师面有愠色，大声说："你过来！"

　　学生依然说："你过来——"

　　老师怒气冲冲地来到学生的面前时，学生及时说完下半
句："——我给你跪下！"

　　……

　　老师："为什么打架？"

　　学生："和你有关系吗？"

　　老师："我是老师，就得管。"

　　学生："我爸妈都不管，你凭啥管我？"

　　老师："……"

　　这样的对话在学校里是常见的，大都出现在一些不尊重老
师的孩子身上。

　　四是对老师威胁或辱骂。有的孩子在学校里老师是说不得
他的，笔者在一些学校里见到这样的现象：

　　学生指着老师的鼻子："××（老师的名字），今天给你

面子，下次再说我就对你不客气！"

　　学生骂老师："老师，刚才不是我说的，××的话都听不出来，你傻×呀！"

　　……

　　老师在这些学生面前根本得不到一点儿尊重，有的学生老师根本不敢管，因为他们会去殴打、辱骂老师。一个老师被学生殴打、辱骂，那是有苦无处诉的。因此，很多老师在对待这些学生时，往往采取回避的态度。这种现象在职业学校最为常见。所以，如果孩子对家里人都不知道尊重的话，那么他在学校对老师也不会好到哪里去，对老师不尊重，孩子在学校又能学到什么本事呢？这是在对孩子的教育中，父母要思考的一个大问题。

孩子也是"看人下菜碟"

如果一个孩子对任何人都敢于不尊重时，那么这个孩子在道德上可能就已经"病入膏肓"了，他的行为也会常常走向极端。当然，很多目无尊长的孩子，他们不是对生活中所有的人都采取不尊重的态度。在他们的心里，有自己不尊重的人，也有自己尊重的人。目无尊长的孩子对一个人的尊重，并不是出于自己的德行，而是慑于这个人的威严，那么在生活中，为什么孩子对一些人不尊重，对有些人又尊重呢？

首先看看孩子在家里面是怎样的。

一个孩子在家里面，用通俗的话说，就是"有他怕的人，有他不怕的人"。现在的家庭结构的成员是：爷爷、奶奶、外公、外婆、爸爸、妈妈，可能还会有一两个叔叔姑姑或兄弟姐妹。在这些人当中，孩子最容易不尊重的人往往是这样的：

一是口袋里没钱的家人。在孩子看来，经济决定一切，一个没有经济基础的人，对自己没有什么"利用的价值"，就是在自己囊中羞涩的时候，他也没有能力"援助"自己，因此，在孩子的心里自然就觉得没有尊重他的必要。

二是在家没有"权"的人。在家里没有什么决定权的人，这样的家人，孩子往往会对他不屑一顾。在孩子的心里，他会觉得就是自己犯了什么错，或者自己有什么要求，他在家没有权力决定家里的一些事，也就无法惩罚或满足自己。因此，孩子对他也不会有太多的尊重。

三是和家里其他人多有矛盾的家人。与家里其他人的关系不好，孩子看在眼里，他就知道这个人在其他家里人的心里也是没有地位的，自己对他不尊重，不会引起家里人的共愤的，因此，孩子对他也就会很随意了。

四是啰唆的家人。在家里啰唆的人，因为他好啰唆，在家里说话也就不会有多大分量。可能因为啰唆，家里其他人对他也不会有好的态度和语言，这样，孩子就会对他更有过之而无不及。

五是软弱性格的家人。一个性格软弱的人，就是孩子对他再不尊重，他也不会对孩子怎么样，孩子抓住了他的弱点，往往就由着自己的性子对他吆五喝六的。

孩子把家里的人按照金字塔的方式排列，这样根据自己对他们的要求不同，以此来确定对他们的不同态度。孩子在家里也会"尊重"一些人，当然，这种尊重的本质是因为有求于人。在家里，当家做主的、掌握钱财的常常会得到孩子的"尊重"，比如，父亲母亲，可这种尊重并不是源于亲情，而是他们"得罪不起"，自己还得靠他们"养活"。

在学校里，孩子也有不敢得罪的老师：

一是校长。校长在学校里一般都是掌握"生杀"大权的。这样，孩子在校长面前一般都是规规矩矩的。同样的，并不是校长在他的心里有多高的地位，而是慑于校长的威严，不敢在他的面前有所放肆。

二是在孩子中间口碑很好的老师。这样的老师，孩子一般都是不会"得罪"他的，因为不尊重这样的老师，往往会惹起同学的众怒，目无尊长的孩子对众怒也是不敢犯的。

三是班主任。孩子往往会对班主任多几分尊重，因为他在学校里的一切表现，很多都是班主任做出评价的。再者，在学校里班主任也是对他的直接管理者，弄不好班主任会向学校或他的家长反映他的情况，这让孩子感到必须要对班主任有几分尊敬。

　　孩子在学校最不能尊敬的人是不代他课的老师，或者是学校里其他工作人员，像食堂里的师傅等，孩子根本是不会对他们尊重的。

　　孩子在家里或者在学校里都不能尊敬他人的话，那么他在社会上更不会是一个彬彬有礼的孩子，他的表现往往是说话粗鲁，待人没有长幼之分，这样的孩子在社会上的影响是非常恶劣的。当有人得知那个目无尊长的孩子就是你家的孩子时，我们想不仅仅是丢掉了父母的脸面，更多的是感到自己的孩子没有得到良好教育的那份悲哀。

无法规避的溺爱

　　现在的家庭大都是一个孩子，我们不能说父母想把自己的孩子培养成那种目无尊长的人。孩子之所以如此，可以说是教育失误的结果。不可否认，父母在培养孩子之初，他们都有把孩子培养好的愿望，可当他们辛辛苦苦地把孩子培养了十几年，却发现自己的孩子仍是这样的不懂世事。有的父母回过头来看自己的教子历程，他们不知道自己错在哪里，在教育孩子的道路上，令他们感到困惑的是"期望越大，失望也就越大"，这究竟是什么原因呢？简单地说，父母是错在溺爱。

　　中国自古就有一种说法叫"慈母败子"。这里的"慈母"，并不是实际意义上的慈母，而是指过分的母爱，也就是溺爱。溺爱是中国人教育子女方法上的一种偏移，因为在溺爱培养下的孩子，他缺失的东西很多，比如，独立性、毅力等，其中孩子的目无尊长，更是对孩子溺爱所引起的后果之一。可以说，孩子从小直至长大对大人目无尊长，其实质都是溺爱惹的祸。

　　家长对孩子的溺爱，很多时候都是在不知不觉的过程中形成的，其实他们也知道溺爱对孩子有害，但他们在面对自己家庭里唯一的孩子时，他们无法规避自己对孩子的溺爱。

　　由于一家可能只有一个孩子，孩子在一出世就会被特殊关照，一家人时刻关照他，陪伴他。亲戚朋友来了往往也是把他围在中心，对孩子是掌声不断。在家里，孩子吃的、用的、玩的东西可能都是最好的，他们在家里所得到的待遇都是比较特殊的，比如，爸爸妈妈可以不过生日，孩子过生日得买大蛋糕，送漂亮的礼物……长期这样，孩子就会习惯于高人一等，必然变得自私，没有同情心，不会知道如何去关心他人。

　　有的父母是孩子要什么就给什么，父母给孩子的零花钱有时比大人的还多，孩子欲望的满足是很容易的，这就养成了孩子不珍惜物品、讲究物质享受、浪费金钱和不体贴他人的坏性格。父母和爷爷奶奶往往不知道，对孩子的要求不能一味地满足，相反，父母和爷爷奶奶因为是孩子，合理的要求能满足，无理的要求也答应。

　　由于家长的溺爱，孩子十几岁还不会穿衣，十五六岁的孩子还不做任何家务事，不知道劳动的愉快和帮助父母减轻负担的责任。孩子有病痛时父母总会表现出惊慌失措的样子，娇惯的最终结果是孩子不让父母离开一步。为了绝对安全，父母不让孩子走出家门，也不许他和别的小朋友玩。更有甚者，有的孩子成了父母的"小尾巴"，时刻不能离开父母或老人一步；父母对孩子是搂抱着睡，偎依着坐，驮在背上走；含在嘴里怕融化，吐出来怕摔了。这样下去，孩子必然失去善良、能干的品德，孩子会变得胆小无能，丧失自信。孩子是父母的心头肉，家长对孩子悉心培育、满怀期待是无可厚非的，但要把握好"度"，父母越呵护，孩子越不知天高地厚。

由于父母从小迁就孩子，孩子在不顺心时就会以种种理由要挟父母。溺爱的父母就只好依从孩子，这样使得在孩子面前一点儿威信都没有。有时爸爸管孩子，妈妈护着："不要太严了，他还小呢。"有的父母管孩子，奶奶会站出来说话："你们不能要求太急，他大了自然会好；你们小的时候，还远远没有他好呢！"这样的孩子当然是"管不了"，因为他全无是非观念，而且时时有"保护伞"和"避难所"，其后果不仅孩子性格扭曲，有时还会造成家庭不睦。害怕孩子受委屈的父母是心软而又无能的父母，他们的这份迁就使孩子在心中播下了自私、无情、任性和缺乏自制力的种子，孩子在长大后就会变成打骂爸妈的逆子。

　　"爱"与"溺爱"，一字之差，实际上它们的区别就在于，用理性的方式去爱是真正的爱，而完全用情感的爱去爱就是溺爱。用理性去爱，那么你就应该知道如何去正确地实现你的爱，如果仅仅用情感去爱，那么对孩子的溺爱往往弱化了孩子未来处世和做人的能力，孩子就只能在你的溺爱中迷失方向。孩子目无尊长，其实质是教育者对孩子溺爱，它使孩子胆子大起来，心狠了起来。一个胆大心狠的孩子，就是对自己的亲情，也会缺少一些尊重。因此，教育子女时就要使父母的心"狠"起来，让孩子在生活中体验到艰辛与困苦，这样孩子才会更懂事。

父母教育理念的缺失

　　自己只有这么一个孩了，这样的父母都会下大力气去培养。他们也会去学习一些教育理论，我们不能小视现在的父母，他们知道很多教育名词和教育规律，更知道当今对孩子的培养方向是什么。但他们不知道的是，正是他们对教育理念的一知半解，或者说是对一些教育知识的曲解坑了他们的孩子。

　　现在的家长几乎都知道这样几个名词：素质、个性、能力……对家长来说有这样一句众所周知的教育理念：现在对孩子实行的是素质教育，要注意培养孩子个性的发展。这句话说起来是没有错的，但很多家长由于对这些理念认知的不足，他们按照自己对这些教育理念的理解去教育自己的孩子，在他们对孩子教育的过程中，就会情不自禁地犯错误。孩子被养得目无尊长，有时就是父母教育孩子不当的结果，现在就让我们来看一下家长对孩子的教育问题究竟出在哪里。

（1）个性理解的偏差

　　家长都知道对于孩子的个性培养很重要，但十有八九的家长不知道什么叫"个性"。亲爱的读者，当你在读到这段话的时候，你可以放下书先想一想，自己是否能了解"个性"的含义。当一个人都不知道什么是"个性"的时候，他就更不知道什么是完美的个性，他又怎能培养出孩子良好的个性呢？因此，很多家长对孩子个性的培养，他们就采取这样的方式和态度教育自己的孩子：一切随着孩子的脾气性格，自己的管教和打骂，都会扼杀孩子个性的发展。他们以为，要培养孩子的良好个性，就要让孩子自然养成一种性格，孩子成长得越"自然"，就越会养成良好的性格。显然，家长追求的这种所谓"自然"的状态，就是不对孩子进行任何管教和约束。因此在这样教育环境下的孩子，就会养成目无尊长的个性。

　　很多家长以为，孩子的个性就是孩子有与众不同的脾气、行为、打扮、爱好……他们把"有个性"当成了"个性"的含义。其实，由于个性是一种较复杂的心理现象，又由于个性心理学作为一门学科历史还比较短，因此到目前还没有一个统一的、为所有人共同接受的明确定义。许多心理学者从自己研究的角度提出个性的定义，西方人格心理学家奥尔波特曾综述过几十个不同的定义。现代心理学一般把个性定义为一个人在一定社会条件下形成的、具有一定倾向的、比较稳定的心理特征的总和。像这样一些笼统的概念，无法让更多的父母对"个性"有个适当的理解，从而正确地去教育孩子。而对孩子个性培养的失误，往往是使孩子目无尊长的主要原因。一位名人说过："人的个性是世界上最美的花朵。"父母有时无须清楚个性的确切含意，只要把孩子培养得健康、活泼、开朗、自信、随和……这就是孩子良好的个性。

（2）素质教育理解的偏差

人们都在大力提倡素质教育，于是，父母额外地教孩子学学画、学学琴、练练字，认为这就是素质教育了。更多的父母认为有了"素质"就有了一切，因此他们常常会忽视对孩子的学习成绩和品德的要求，往往会导致孩子没"素质"，更没有德行。其实，关于素质教育，这是一个教育过程，更是一个复杂的话题，可以这么说，究竟什么是素质教育，在教育界也没有一个准确的定义，可以说是"仁者见仁，智者见智"的事；究竟有多少教育者在实施素质教育，有多少孩子正在接受素质教育，可以说在教育界还没有一个确切的定数，可以肯定的是，大家都大喊着"素质"教育，但更多的人不明白究竟什么是素质教育，明白的人也无法实施素质教育。

因此，父母不要以为素质教育是多么神奇和高深的教育，不要以为孩子的老师全都是素质教育的行家里手，也不要以为自己不实施"素质教育"孩子就会落后于人。父母首先对孩子的德行要有一个好的教育；其次孩子能有一个健康的身体；最后再着力要求孩子的学习。也就是说，要先把孩子品德教育放在第一位，然后才是对文化教育的要求，父母不能被素质教育所"诱惑"，用他们所理解的"素质教育"的方式，把孩子培养成一个"有才无德"或"无才无德"的人。

所以，父母教育理念的缺失，说到底就是由于对教育理念理解出现偏差，使一些父母忽视了对孩子德行的培育，这样孩子自然就不知道如何去尊重他人，目无尊长就很自然了。

是孩子太任性

　　孩子目无尊长地待人的时候，没有孩子会不知道自己的行为不对，这种明知故犯的实质，就是因为孩子太任性。孩子有了任性的性格，于是，不能说的话他也会去说，不能做的事他也会去做，不能要的东西他也会去要……孩子总是由着自己的性子来，他们无视纪律，蔑视规则；他们对幼小者缺乏爱心，对年长者缺乏尊敬。由于任性，孩子在自己品德修养上有着很大的缺失。

　　中国实行了几十年的计划生育政策，现在的孩子可能大都是独生子女，孩子的上面至少有爷爷奶奶、外公外婆、爸爸妈妈六层关爱，在生活中享受着优厚的条件，他们不仅仅有着丰富的物质，在生活上，大人们也会给他们更加广阔的自由空间。更多的孩子对自己的言行不会加以克制，他们全凭自己的秉性行事，任意地放纵自己。于是，社会上的孩子就少了几分礼貌，多了几分随便，目无尊长可能是任性的孩子最普遍的特征。

　　一个任性的孩子，他会滋生出很多不良的品德。孩子与人相处时会自私、霸道地对待别人。他不仅仅在家里唯我独尊，就是在一些公共场合对他人也会极不尊重。

　　心理学研究表明，一个人好的品德的形成与教育与生活环境、家庭气氛和社会实践有着密切的关系。一般孩子的品德在走入社会前已初步形成，但不稳定，随着自己走入社会后的磨砺而趋于成熟，并有很大"可塑性"。所以，孩子品德的好坏，最先是家庭影响的结果，如果不想让自己的孩子目无尊长，使孩子有一个良好的性格的话，那么父母首先就要先做好自己的家庭教育——不要让孩子任性。但这一点对一个现代家庭来说，往往很难做到。

　　前面提到过，一个孩子的背后，往往有好多人对他宠爱有加。在一个家庭里，每一个人对孩子教育的态度很难正确地保持一致，这就使得孩子在父母那里满足不了的要求，他可以在爷爷奶奶、外公外婆那里得到满足；孩子在父母那里使不了的小性子，他可以在爷爷奶奶、外公外婆那里得到发挥，孩子在家里总会找到自己任性的载体。现在的孩子都是很聪明的，他们好像是爷爷奶奶肚子里的蛔虫，他能摸透爷爷奶奶的心理，很会讨祖辈们的欢心。有时候父母辛辛苦苦地给孩子树立起来的"规矩"，在爷爷奶奶面前，就会因为对孙子的喜欢而摧垮。在家庭教育中，祖辈对孩子的情感，成了孩子任性滋生的土壤。

孩子在幼儿的时候，如果有几分任性的话，往往还有几分可爱。孩子在两三岁的时候，也就是刚能和大人进行交流的时候，孩子有几分任性的话，这似乎是孩子"懂事""有主见"的表现。比如，孩子已经吃了一根雪糕之后，他还继续向大人索要，这时的爷爷奶奶，在孙儿索取中更加感到天伦之乐的快意。孩子的这种"索取"本来是很正常的现象，问题是孩子的要求总是能得到满足，孩子的这种索求随着孩子年龄的增长已经成了一种习惯，当有一天孩子遭到拒绝的时候，孩子就会感到这"极不正常"，在心理上就会"很难接受"，他就会对家人加大所求的力度，孩子会使出一切手段来争取。在现实中，我们不难发现用威胁、打骂家人的方式来实现自己目的的孩子。因为孩子在打骂家人的时候，他无所顾忌，这时，一个霸道十足的孩子就活脱脱地蹦了出来。

孩子在接受教育的过程中，有些家庭把孩子放在不适当的地位，待遇过优，宠爱过头，娇生惯养，一味迁就，久而久之，孩子"以我为中心"的心态愈益膨胀，这样孩子就养成了任性的习惯。所以，任性对于任何人来说都是一种不良品行。孩子一旦养成了任性的品行，它就会严重影响到孩子的健康成长，因为在孩子成长的过程中，任性会使孩子乱发脾气，任性会使孩子无理取闹，任性会使孩子目无尊长。

第三章

锻炼孩子的自律

对孩子重在管教

　　对于不同的孩子，我们要学会用不同的教育态度和方法。教育者在面对一个好孩子时，有时只要对他用心地培育就行了，但当面对一个拉帮结派的"坏孩子"时，教育者就要对孩子做别有用心的管教。坏孩子与好孩子相比，对他们教育的不同更多是在于一个"管"字上。这就像一个农民在培育两棵禾苗，一棵禾苗很健康，农民只要给它培土、施肥、除草，进行一些正常的日常护理，到秋天这棵禾苗就会结出丰硕的果实；而另一棵禾苗有了害虫的侵入，对它正常的管理已经不能保证这棵禾苗长大，更不能保证它能结出果实，因此，对它要施加非常的管理手段，才能使它茁壮地成长。因此，对于在学校拉帮结派的孩子，父母要用一些手段去管束孩子，把孩子从"帮派"的旋涡中拉回来。

　　对于表现不好的孩子，人们常说要"加强管教"，其中的含义就是管理与教育相结合来对待孩子，在这里，"管"要比"教"重要得多，因为只有"管"好孩子，"教"才会有效果。因此，父母纠正孩子在学校里拉帮结派的恶习时，"管"就成了他们首当其冲的教育方式。

　　那么，父母怎样才能管住在学校里犹如脱缰野马般的孩子呢？

　　很多父母在管束孩子的时候，仅仅把管束放在语言上，他们只是在口头上告诫孩子该如何如何，但孩子在学校拉帮结派的条件和环境依然存在，这种管束对孩子毫无效果，有时还会对孩子起到反作用，孩子会因家长的唠叨对家长产生厌烦情绪。因此要想管住拉帮结派的孩子，就要从孩子拉帮结派的源头上去管教孩子。

　　首先，要清楚孩子有哪些空余时间，从时间上控制孩子的行为。要计算好孩子上下学的时间，严禁孩子上学时早去晚归。拉帮结派的孩子主要的聚集时间就是在下午放学以后，下午放学要求孩子及时回家，这可以减少孩子与"帮派"的接触时间，孩子上学是"来也匆匆去也匆匆"便没有时间做一些坏事；在假期也不要让孩子和"帮派"里的孩子接触，这时父母可以与孩子做一些活动以此来打发时光，长一些的假期父母可以把孩子送到远处的亲戚家去度假；孩子的假期过完以后，在开学之初对孩子的时间控制要更严些，杜绝孩子在"帮派"活动最猖獗时参与相关活动。这样，由于你的孩子没有充足的时间去为"帮派"做事而会被"帮派"冷落，这对于孩子远离"帮派"起到很好的效果。

第二，控制孩子在钱物上面的花销。"帮派"里的孩子讲的是"义气"，他们在财物上是不会分你我的。给予孩子的钱物，使孩子刚刚够用就行；孩子花出去的钱财，父母要了解花在了哪里。这时的父母不要给孩子大方，要孩子在"帮派"里寒碜一点儿，孩子在"帮派"里就会失去人气，这样，你孩子就逐渐失去"帮派"主导的地位，"帮派"一些"重大的保密的行动"就不会有你孩子的份儿，你的孩子就会远离了坏孩子的恶行。

第三，减少孩子参加学校的集体活动。要想孩子脱离"帮派"，我们不能对利弊顾及得太多，阻止孩子参加学校的集体活动，对于拉帮结派的孩子来说应该是利大于弊。因为学校里的一些集体活动，比如，郊游、节日晚会等，虽说是锻炼孩子能力的好机会，但更是坏孩子拉帮结派、胡作非为的好时候，

"帮派"里的孩子的结合力是在一起做坏事时增强的，所以说阻止孩子参加学校的集体活动是利大于弊。但父母在阻止孩子的时候，要注意方法，家长可以找一些比孩子参加学校集体活动更有兴趣的事让孩子去做，只要与"帮派"里孩子少接触就行。当然，像这样的阻止只能是短期的行为，当孩子因为父母的教育与"帮派"关系疏远了的时候，这时父母还是要鼓励孩子参加一些集体活动的。

第四，父母要多到学校走走看看。当孩子在学校拉帮结派时，父母要与孩子的老师多接触，这样可以便于及时地了解孩子的动向，使孩子"谎撒不了，事瞒不掉"，这样，父母对孩子的教育就会有针对性，这也更便于管束自己的孩子。

所以，对孩子的管束，特别是对于一些比较特殊的孩子，父母不仅仅要在他们身上多花时间和心思，还要在教育上多一些行动，全方位地管束孩子，叫孩子没有漏洞可钻，把孩子"管死"，对于教育拉帮结派的孩子是很有效果的。

深入到孩子的"死党"中去

对于在学校里拉帮结派的孩子，父母教育孩子是一份责任，但这更是做父母的一门艺术。为了使自己的孩子浪子回头，父母们可谓是费尽心机，但这也不能拦住孩子使坏的脚步我们父母为什么"教育"得这么辛苦呢？这其中很大一部分原因就是父母没有深入到孩子中间去。

我们至少要了解孩子的一些成长规律，这样父母才能教育好自己的孩子。对于在学校拉帮结派的孩子来说，父母知道对孩子做到怎样的"知"，这也是教育好孩子的关键之一。一般好孩子的父母可能只要对孩子的本身有所了解就可以了。但对于一个坏孩子来说，父母对他的了解就不一样了，父母需要对他们了解得更细致，其中孩子的"死党"就是父母要深入了解掌握的重要部分之一。

　　在拉帮结派的孩子之间，把相处最好的伙伴称为"死党"，这种"死党"的称呼是有典故的，一种意思是"为朋党效死尽力"，此语出自《汉书》；另一种意思是"为某人或集团出死力的党羽"，多用于贬义。父母不难从称呼中看出孩子与孩子之间的关系是怎样的一种性质，当然孩子中也不乏调侃的意味。但不管怎么说，孩子的"死党"是他最好的伙伴，家长要想了解孩子，首先要接触孩子的"死党"，这种接触对于孩子的教育来说得到以下四种效果。

　　一是方便了解孩子的情况。拉帮结派的孩子在学校里的一切行为，可以说他的死党也多是知情者或参与者，这样，当家长想了解孩子情况的时候，他就可以轻易地知道孩子的及时信息，这对教育自己的孩子是很有好处的。有这样一对父母，他把自己调皮孩子的好朋友的情况都摸得一清二楚的，孩子"死党"家庭的住址、电话号码等都记录下来，这样，当孩子长时间不归家或疑似孩子有不良行为的时候，这样父母可以方便了解情况。

　　二是对孩子的"小集团"进行整体教育。拉帮结派的孩子在学校做的坏事不是某个孩子的单个行为，往往是一群孩子共同策划的结果。因此，父母在家要求孩子在学校行为规矩，可一到学校，由于众多孩子的撺掇，孩子就会把父母的话抛到九霄云外，义气十足地参与到孩子的行动中来。可当孩子父母接触到这群孩子后，他可以明确地也向这些孩子提出自己的要求：在学校做一个好孩子，并要求其他的孩子监督自己的孩子。父母对孩子整体的教育是很有效果的，一是因为孩子对"死党"的父母还有几分尊重；一是"死党"犯了错，自己不好向"死党"父母"交代"，以后很难和死党相处了……这些原因，使这些孩子在行为不轨时，还会对"死党"父母的"要求"有所顾忌。所以，父母对孩子建立起的"帮派"进行整体说教，往往会起到一定的教育效果。

　　三是了解各个"死党"的个性，使自己的孩子远离真正的坏孩子。孩子的"死党"，各有不同的性格。可以说，不同的性格对于自己孩子影响的方面和大小是不一样的。比如，在孩子的伙伴中，有的孩子爱网络游戏，有的孩子喜欢小偷小摸，有的孩子喜欢打架斗殴……有的孩子温和，有的孩子暴躁；有的孩子善良，有的孩子狡猾……他们对孩子的影响的程度是不同的，"人以类聚，物以群分"，父母了解了各个孩子的个性特点，这样，在自己孩子和他们相处时，在父母的心里就有了底，可以及时地对自己孩子的行为做一些防范措施。再者，我们不可否认，在孩子的诸多"死党"中，有一二个确实是无可救药的坏孩子，这样的孩子"坏"在本性上，这时，家长就要替孩子想一些与坏孩子"隔离"的办法，使孩子在"帮派"中受到的影响降到最小。

四是经常与孩子的"死党"的父母进行联系交流，与孩子"死党"的家长联合起来教育孩子是最有效的教育方法。孩子的父母之间能够为孩子的问题有所交流，这不仅仅对孩子的行为加强了监督，更对孩子的行为有了很强的束缚作用。当这些拉帮结派的坏孩子的家长形成了教育的合力，这就使孩子的不轨行为、漫天的谎话等无处藏身。

不难看出，要教育好自己的孩子，先从消除直接影响孩子的因素入手，父母了解孩子的"死党"，也正是为了控制住影响孩子的因素，从而慢慢地使孩子浪子回头。

规避"帮派"里的孩子

　　孩子进入一个学校，他是慢慢变坏的，在孩子"变坏"的过程中，家长对孩子教育的信心也是慢慢失去的，等到孩子要结束自己学业的时候，家长对一个坏孩子的教育信心已经丧失殆尽。这时，正是孩子在学校拉帮结派最盛的时候，孩子要毕业了，很多父母看到自己的孩子拉帮结派而在学校胡作非为，他们早已对孩子麻木了，他们的想法是，这群孩子目前是没有办法变好了，只有等到他们毕业分散以后就自然瓦解了。于是很多家长越是在一个学习阶段的末期，他对自己的孩子就是越放松。但在现实中，他们忘记了孩子出事或出大事的往往在孩子将要毕业的时候。就算孩子完成了在这个学校里的学习，也不等于孩子们的"集团"就此真正地瓦解了。如果他们把在学校里的恶习带入社会，这将会给孩子带来更大的危害，因此，父母要善于处理好孩子离开"帮派"后的事。

　　首先，在毕业的最后关头，父母要盯紧孩子。孩子要离开某所学校的时候，"帮派"里的孩子由于即将离开学校，学校在管理上可能会放松，这时孩子们的行为会更加的无纪律性。这时，父母对孩子最好要比平时管得紧一些。在孩子学习的最后阶段，可以让孩子在家里学习，这样就把孩子与他们的"帮派"分离开来，避免孩子在最危险的时期出现事故。

　　其次，孩子毕业后，不要使自己的孩子与他的"死党"去向一致。孩子在即将离开学校的时候，其实他们在私下里已经"规划"了自己毕业后的去向。这种毕业的去向，孩子往往是和他们的"死党"捆绑在一起的，他们在"规划"的时候，考虑更多的是如何能和自己的"死党"在一起。比如，约定继续一同上某所学校、一同去学门手艺、一同出门打工等。如果"帮派"里的孩子把这种事前的约定变成现实的话，那么他们到了一个新的环境后，还会走以前的老路，更会容易走向邪路。因此，孩子在面临重新选择新环境时，父母要两手一起抓：一是借这个机会，给孩子创造一个新的环境；二是不给孩子与"帮派"里孩子继续在一起的机会。

　　父母要清楚毕业后孩子各个"死党"的去处，这样，在为孩子重新考虑去向时就能避开孩子的"死党"。例如，在条件允许的情况下，在班级、学校和城市的选择上，我们把自己的孩子和那帮孩子错开，使他们少有或没有接触的机会。当然，这只是孩子变好的第一步，在切断孩子与"帮派"的联系后，父母要在新的环境里给孩子新的要求，其中最重要的要求就是不要让孩子和原来孩子再有什么联系。如果这方面父母做的不到位，不同的孩子分在不同的学校，而他们依然"联系密切"，这将使孩子的"帮派"发展成为"校际化"，孩子之间的矛盾会更尖锐，"帮派"对孩子的危害会更变本加厉。

现在的很多孩子一离开校门便走向社会，这时的父母千万不要使自己的孩子与那在学校的"死党"一同"闯天下"，他们往往在社会上也延续着在学校里的行为，这样很容易使孩子走上邪路。

不难看出，孩子在离开校园各奔东西的时候，在某种程度上对他们的"帮派"起到了一定的瓦解作用，但这种瓦解并不是很彻底的，其中的一些孩子可能还会聚集在一起延续着在学校里的习惯，这是很多父母容易忽视的地方。因此，父母不能指望孩子那个拉帮结派的小集团自然地分散，在孩子重新选择环境时，家长要利用好这个机会，使自己的孩子与原来的孩子避开，这样父母把孩子变好所用的精力就会小得多。

最后，培养孩子的善行。孩子在学校里横行霸道，表面来看，他是受着环境的影响，其实，一个孩子行为的好坏，是与他内心的潜在品德有关。显而易见，一个善良的孩子，他在学校里是不会欺负人的，同样的，父母要想孩子变好，他就要多培养孩子的善行，因为善良作为一种美德，它在孩子从坏变好的过程中起到很强的促进作用。

一个好孩子，应该是品德好、身体好、学习好的人。我们在教育孩子转变的时候，主要的教育方向不仅仅是要纠正孩子的行为，更要培育孩子拥有良好的品德——善良就是良好品德重要的一部分。孩子从思想上转变了，他的行为也会随之发生变化。因此，面对一个拉帮结派的坏孩子时，父母培养孩子的善良和纠正孩子的行为是同样的重要。

培养孩子的善行，首先，父母要学会肯定孩子的善意举动，我们不要因为孩子平时表现不好，就去把孩子的一切都否定掉，我们要发掘出孩子的闪光点，对孩子做的给予表扬和肯定，这样孩子就会继续他们的"善行"。所以，就是孩子给他人帮了微足不道的小忙，或者他替别人着想了，父母都要及时地赞成孩子的举动，因为正是孩子的这些行为的缺少，才导致孩子在学校里拉帮结派、横行霸道；如果孩子做得不好，比如在学校以强凌弱，父母就要使孩子认识到这样不好，同时要表现出对孩子举动的遗憾，但不能因此去打骂孩子。

　　当然，在学会赞赏孩子的善行之外，父母还要为自己拉帮结派的孩子创造能赞赏他善行的机会，对于一个表现不好的孩子来说，他可能平时没有什么令人赞赏的"闪光点"，因此父母对孩子这方面的创造就更显得重要了。父母应该分三步对孩子进行培养：

　　第一步，要孩子知道一个人怎样才能变得善良，为什么善良是人人都赞赏的品质。父母可以在一些比较特殊的场合下，像拉家常一样告诉自己的孩子，要他知道所有的人都喜欢善良的人。同时，父母要向孩子讲一些友好待人和表达善意的简单办法，使孩子懂得，自己的善意也能使自己获得莫大的快乐。

　　第二步，对于一个坏孩子，父母更要为他营造一个亲切、友爱的成长环境。父母要以一种开明的方式来教育孩子，同时，要给孩子营造一个友善、友好的家庭氛围。父母要在孩子面前友好地对待面前的人，其中包括家里的亲戚、朋友、同事、邻居等，还要常常去帮助他人，以此来给孩子树立榜样。孩子在这样的环境熏陶下，就会自然地养成对人善良友好的品德，这是从更深的层次去改变一个拉帮结派的孩子。

　　第三步，多为孩子创造表达善行的机会。孩子实施了一件善事，别人肯定会以友好的方式加以回报他，这样，孩子就会感到他人友好相待的快感，这是在学校难以感受到的。通过善行，孩子就懂得了与人为善是多么令人快乐，这样，就会在潜移默化中改善孩子在学校里的行为。因此，不妨给孩子一些表达善行的机会，如有意叫孩子帮助他人、善待小动物、向乞丐施舍等，孩子就能从中体会到感激，并感受到自己善行的快感。

　　父母是孩子第一任老师，父母的一言一行是孩子模仿的对象。所以，孩子的善行是离不开父母的培养的。

　　一个坏孩子，父母要从根本上去改变他，这就要在孩子的内心培植一份善良，孩子有了善良的品行，他的行为也就不会恶毒到哪里去。因此，孩子尽管在学校里拉帮结派、横行霸道，但如果孩子有了善心，就不会再去欺负其他的孩子，不会辱骂他的老师，不会敲诈勒索，因为善行使人萌生善心，善心能驱除人心中的邪恶。孩子有了善心，他就会变得温顺听话，这也是很多善良孩子的共性。

孩子掉进染缸

　　父母常常告诉自己的孩子，不要和"坏孩子"在一起。孩子在幼儿园的时候，可能父母、老师就这样去告诉孩子，家长有时把这种告诫延续到了孩子成家立业之后。可实际情况是，好孩子往往是单个行事的，好孩子与好孩子之间常常是关系淡薄，我们很难看到一群关系密切的好孩子。但所谓的"坏孩子"就不一样，他们往往是成群结队的，他们之间比好孩子与好孩子之间结合得要紧密得多，他们之间的关系也比好孩子之间的关系"亲密"得多。好孩子要去"发展"一个好孩子几乎是不可能的，但坏孩子去"发展"一个"坏孩子"却是轻而易举的事。于是，"坏孩子"群就成了孩子很容易掉进去的一个"大染缸"。

　　孩子融入了坏孩子的行列中，就等于掉进一个染缸，会染上斑斑点点的色彩。孩子如果这样的话，他父母的心就开始变得沉重起来。"近朱者赤，近墨者黑"，父母对孩子这方面的担心是多方面的。

一是孩子从此就会沾染坏的习气。父母就是对自己孩子的抵制力再有信心，也会担心自己的孩子受着坏孩子潜移默化的影响，迟早有一天会变坏的。

二是孩子和坏孩子在一起，坏事情的发生概率就会加大。你想，都是坏孩了，肯定会有很多坏的心思、坏事情，自己的孩子说不定哪天就会误入歧途。

三是在那种不良氛围的熏陶下，会使自己的教育毫无效果。坏孩子总是逆着大人的要求做，父母辛辛苦苦地对自己孩子的道理灌输和引导的效果，在这个大染缸里会在瞬间遭到土崩瓦解。

四是自己的孩子不是好孩子，但父母又害怕别人的孩子更坏，使自己的孩子沾染更多的不良习气。

孩子已经掉进染缸，这个大染缸实实在在地害了很多孩子，没有哪一个父母不担心。在这样的大染缸里，孩子们干着这样那样令父母焦心的事：抽烟、喝酒、赌博、早恋、打架、敲诈同学、沉溺网络、逃课、与老师对抗、偷盗……当然，在这些群体当中，更多的孩子都处在向"偷盗""敲诈同学"这些事情的边缘上，他们一不小心就会触及法律这条底线，做出令人痛心疾首的事。

但更可怕的是父母无法把自己的孩子从这样的"大染缸"里捞出来，更不用说把孩子"清洗"得干干净净。孩子更多的时间是待在学校里，父母和孩子的真正接触，可能一天也只有几个小时。这时，家长的教育往往是敌不过学校里坏孩子对自己孩子的影响，这就使父母束手无策。看到自己孩子的周围有这样拉帮结派的小集团，父母只有把唯一的希望寄托在孩子所生活的那所学校，希望学校能彻底地清除掉这样的大染缸，但学校对这样的小集团也是没有太好的整治方法，他们也有很多的苦衷——这在后面将要谈到——于是，父母只有在忐忑不安中任由孩子处在这种环境中。父母只能多用语言提醒或告诫自己的孩子不要犯错。

父母对孩子已经不敢有太多的要求了，只希望自己的孩子不要在这个"大染缸"里做出太出格的事就行了。至于学习，父母已经断定自己的孩子不是那块读书的料，之所以把孩子放在学校里，原因是孩子还小，不念书能来家干什么呢？等孩子在学校长大一些再说；或者是父母要孩子至少有个中学毕业，能达到国家义务教育的水平就行。在父母心理上，对孩子某些方面的要求已经做出了放弃。

当你的孩子在学校和坏孩子在一起的时候，对孩子的教育，父母肯定有这种消极的心态和彻底放弃的想法，但我可以告诉你，在教育孩子时，无论孩子怎样，对孩子哪怕在教育上是一点点的放弃，这都将成为你的孩子变坏的根源。

学校没有更好的办法

　　家长对孩子的教育，更多的是依赖于学校，我告诉你，这是错误的教育观念。因为对孩子的教育是多方面的，你把孩子学习文化知识更多地寄托于学校，这是没有什么问题的，但对于孩子其他方面的教育，更多的还要依赖于家长，因为对孩子最好的教育是"社会、家庭、学校"形成合力的结果。

　　针对孩子拉帮结派的现象，如果说学校并没有更好的办法去解决的话，这对于一个专业教育机构来说，家长是很难理解的。

　　首先，任何一个学校，它的主要工作，笼统地说是教育孩子，可工作的核心都被放在了抓教学上。也就是说，学校是把对孩子文化成绩的教育放在第一位的，至于孩子的思想品德等方面，只是在给孩子灌输文化的同时，"顺便"对孩子进行思想教育。可以这么说，学校对孩子很多方面的教育，都是文化知识教育的"附带物"，而附带的东西常常就会被人所忽视，再加上家长对孩子上大学的期盼、高考指挥棒的驱赶、教学质量的评比……这些会使更多的学校一心放在学生的学习成绩上，对于孩子思想品德的教育也就多有缺失。学校里拉帮结派的孩子，只有一个"学习"的氛围，没有一个能使这其中的孩子"转变"的氛围，如果学校不拿出一定的整治方法和整治力度，就很难改变孩子们拉帮结派的现象。

第二，老师的无奈，因为在短时间内很难转变一个坏孩子。不可否认，每一位老师都想自己的学生变好，可很多老师是心有余而力不足。教学任务已经给老师带来了很大的压力，他不能把更多的心思花在坏孩子的身上，如果因此而耽误了孩子学习的成绩，这是得不偿失的，因为"坏孩子"毕竟是少数。

另一方面，一个坏孩子，老师在他的面前是没有威信的，他们常常和老师对着干，老师能有什么办法呢？说教？批评？叫孩子检讨……这些可以说老师对坏孩子都用过，也不会有什么效果，任何人在短时间内都没有一个能转变坏孩子的好办法；有的孩子还因为老师的批评而去威胁老师。在这种状况下，更多的老师只有选择妥协。我们不能说老师缺少责任心，因为拉帮结派的孩子实在是太难管。

第三，教育制度的反作用。在义务教育阶段，学校很难剥夺一个孩子的受教育权。孩子深知这一点，因此他们在学校里就没有什么顾忌。学校有时为保护其他的孩子要赶走一二个学生，可以说这对于瓦解学校"帮派"是很有效果的，但是孩子有"义务教育"的特权，就是再不听话，只要不触犯法律，学校也就没有办法。当说教、批评、叫孩子检讨等都失去效果的时候，学校又不能赶走"害群之马"，在短时间内，学校还有办法教育好孩子吗？

第四，学校有经济利益的考虑。在非义务教育阶段，学校是要讲究效益的。可以说，学校对于孩子成绩的追求，从另一个侧面来说也是在追求经济效益。多一个孩子，学校就多一份纯经济收益，因为学校"一个羊是放，一群羊也是赶"的思想，从经济方面考虑，他们不会轻易赶走一个孩子，这种心态在职业中学最为普遍。

因此，在学校里，孩子拉帮结派去干坏事，学校往往是得过且过，你说学校缺少责任心也可以，你说学校无可奈何也可以。对于这种局面，我们很难从某一个方面正确地去评价学校。所以，更多的教育责任就落在了家长的身上，在客观地看待学校教育的同时，更多的是尽到自己做父母的责任，这样才能转变好自己那个拉帮结派的孩子。

做敲诈等违法的事

在很多学校里都存在着中学生勒索敲诈的现象。可以说，对同学敲诈，很多都是在学校里拉帮结派的孩子干的。孩子拉帮结派，他们在同学之间形成一种势力，这种势力在孩子内部能够为所欲为，因为作为单个孩子来说，在这种势力的面前就会显得势单力薄，因此，他们敲诈的对象就锁定在某些单个孩子的身上。

所有的一切敲诈行动，这些孩子布置得很周密，他们事前会考虑到很多问题，力求把敲诈勒索的事做得天衣无缝。

首先，他们要选择可行的敲诈对象。在这些孩子眼里，哪些同学是最容易敲诈得手的呢？他们知道，像胆小怕事的孩子、人缘不好的孩子、在班里好犯错的孩子、老师不喜欢的孩子、成绩不太好的孩子、调皮不听话的孩子……对这些孩子敲诈最容易得手，这也是他们首选的对象，对于有很好人脉的孩子，或者是学习成绩很好的同学，他们一般不会对其下手，因为"帮派"里的孩子也怕惹起众怒。

第二，他们很注意自己行动的隐蔽性。这些孩子在行动的时候，他们不想更多的人知道这件事，一是曝光后自己总要承担责任，再者就是一旦这样的事众所周知了，学校也处理了，下次再敲诈就有了很大的难度。

第三，他们很注意时机的选择。这些孩子一般都选择开学之初，因为这时孩子都最有钱，学校也是最乱的时候，老师都忙于开学的准备工作，他们无暇顾及孩子的不良动向。其次，是在这个"集团"中大家都很穷困的时候，他们会想一些办法来解决自己的困境。三是学期要结束的时候，主要是对那些平时对"帮派"态度强硬的孩子施加压力，即使东窗事发，他们可以利用假期躲过学校的追查。

第四，巧用借口使他们的敲诈冠冕堂皇。他们一般不会直接向被敲诈的同学索取财物，他们在孩子身上所敲诈的东西因人而异，从一支雪糕到几百上千元的钱财，只要是他们在生活中用得到的，他们都能从一些孩子身上勒索得来。对于孩子的物，更多的是以"借用"的方式占有，对于钱财有的也是如此，但也有以"保护费"的形式直接索取的。

第五，在"帮派"里的人，在实施敲诈的过程中是一人负责一个环节。先是这个群体里的人用语言或暴力威胁被敲诈的孩子，然后就有另一个人向被敲诈的孩子传话：××向你借钱或物；最后有一个孩子替××人来拿钱或物。这样一桩敲诈的勾当就完成了。不难看出，这样的一个事件，一般都是三四个孩子共同来完成的。敲诈的最大的受益者或主谋往往是不直接出面的。

第六，对于拒绝者的报复很有手段。如他们碰到比较强硬的孩子拒绝了他们的话，他们就会使用各种手段来欺负这个孩子：围攻、捉弄、毁坏孩子的东西……一个孩子的力量往往是敌不过一群孩子的。报复行动也不是一个孩子完成的，往往是多个孩子的合作。

第七，老师也束手无策。就拿前文敲诈孩子的钱财为例，老师要是知道了，查处此事，每个孩子都会推个一干二净，说有人威胁，那是死无对证；说是敲诈，有人证明是"借"的，这是同学之间正常的行为；这就使得被敲诈的孩子有苦说不出，处理事情的老师是明知事有蹊跷，却又对他们无可奈何。

"帮派"里的孩子向身边的同学收取"保护费"。收钱后，帮派里的孩子会保证，如果在学校里被人欺负，他们可以出面"摆平"。如果不交，他们就会威胁拒绝敲诈的孩子。这些帮派里的孩子都有着较强的"势力"，收了保护费后，就用这些钱去网吧玩、抽烟，胡乱挥霍。一旦"手头紧"，帮派里的孩子就再组织手下"弟兄"勒索同学。

敲诈勒索在一些校园里是常见的现象，由于事情有很强的隐蔽性，学校往往很难打击这些孩子，这种现象往往就是一个孩子走向犯罪的开始。学校如果成为一个人走向毁灭的始端，这不能不说是教育的一种悲哀。因此，你的孩子要是在学校里拉帮结派，他就可能也站在毁灭的边缘。你的孩子只是社会的一分子，但他是父母的全部，对于这种敲诈的事件不可小视。

校园暴力多多

　　一群孩子在学校拉帮结派、为所欲为的时候，其中夹杂着更多的是校园的暴力。一所职业学院学生处负责人说："校园暴力，哪个学校都有，只是程度不同而已。"他还说，他们学校一直存在着老生打新生的现象。学校也知道这不正常，可对于犯错的孩子体罚不能，罚款不行，教育不听，只能尽可能深入地加强法制德育教育，加大监督监管力度，但不敢保证校园无一例暴力事件发生。当然，校园的暴力也有很强的隐蔽性，这给学校的管理带来了很大的难度。因此"校园暴力多多，暴力原因也是种种"。"帮派"里的孩子在对其他孩子实施暴力的时候，其中的原因有以下五种。

　　一是孩子在替人出恶气。当两个孩子有矛盾的时候，其中的一个孩子有时会找到有势力的"帮派"替他出气。能找他们替自己出气的，往往都是曾向"帮派"交过"保护费"的孩子，"帮派"里的孩子是"拿人钱财，替人消灾"。他们会把受自己保护的同学的敌手打得鼻青脸肿，这"忠人所托"了不说，以此还可以提升这个"帮派"的威信，所以他们在替人出气上忙得不亦乐乎。

二是有人在老师面前打他们的"小报告"。有人在老师面前揭了他们的短、告了他们的密，他们总不会放过这个人的。在这些孩子看来，如果轻易放过了揭短、告密的孩子，他们以后所做的坏事就会没有保密性了，在同学之间也会失去威严。于是，他们不得不对这样的孩子进行报复。

三是有人使他们没了面子。这些孩子在学习成绩面前是不要什么面子的，但在其他方面又是表现出极其的"自尊"，比如，在自己心仪的异性面前、在众多的同学面前，千万不能有损了"帮派"核心人物的面子，否则，他们就会忌恨在心，对人施以拳脚也就在所难免了。

四是有的同学"不听话"。当他们在做一些坏事的时候，比如敲诈，如果有人不合作，他们就会用武力对"不听话"的孩子进行教训。

五是有人看着不顺眼。有时不会有任何的原因，他们只是在学校里无所事事，看见谁觉得不顺眼，就对他进行欺负。他们只是用这种方式来发泄一下自己郁闷的情绪而已，不要任何理由地去殴打一个人——这也是这帮孩子最可恨的一种行径。

因此，很多孩子在"帮派"的面前总是赔着小心的。其他孩子对他们的惧怕，使拉帮结派的孩子有着很强的"生命力"，就是老师想瓦解这样的"帮派"，也不能从其他孩子当中找到他们作恶的证据，这样，老师也是毫无办法的。因为正如前文所说，他们的行为有很强的隐蔽性。

孩子在"帮派"里的恶行隐蔽性来自于如下几个方面。

首先，"帮派"里孩子的报复。这使更多的孩子在面临欺辱时忍气吞声，就是有人过问，受欺负的孩子也会三缄其口，他们不想再招惹是非。

第二，做坏事的孩子他们也会注意，尽量不让老师发现自己的恶行，就是有老师发现他们在使坏，只要问题不大，他们就会千方百计地进行狡辩，使老师对事情的来龙去脉也是感到扑朔迷离。

第三，被欺负的孩子死爱面子。孩子被欺负以后，只要自己没到绝境，他们一般是不会告知父母或老师的。因为一告诉老师，势必很多同学都会知道，这就等于向同学宣告自己懦弱，还会引来以后的报复。告诉父母呢？也不行！孩子都不想父母知道自己在学校"混得不好"，如果父母知道自己在学校被欺负而又无力反抗，这在面子上孩子会觉得很难堪。因此，在面临欺辱的时候，很多孩子都会选择沉默。

不难看出，校园的暴力会使很多无辜的孩子身体受到伤害。在这中间，有的孩子会在暴力中失手，这使双方都因此留下永远的痛。因此，我们不可以忽视孩子在学校里的逞强，不说更多的是伤害他人，至少它是培养了孩子一贯的张狂，如果把这份张狂带向社会，这对孩子的害处就不言而喻了。

孩子将进"黑社会"

学校总的来说还是 块净土,但人们很难想象,孩子以及学校能与"黑社会"有什么联系。其实,学校里孩子的拉帮结派就是社会上"黑社会"缩影,如果说你的孩子在学校里拉帮结派,他也就将进"黑社会"了,这不是在危言耸听。

在学校里拉帮结派的孩子,他们干一些敲诈勒索的事,如果把这些事放到社会中去,那也就是黑社会的行为。虽然说在学校里的孩子由于年龄的原因,有些敲诈勒索在法律上还没有对他们制裁的办法,但长此以往,在学校里就会养成霸道的秉性,当孩子进入社会以后,一旦有了适宜的环境,他们在社会上也就会做一些敲诈勒索的事。到时候,孩子面对的不再是学校温和的教育,而是国家法律严厉的制裁。

一个在学校里为所欲为的孩子,在离开学校以后,他在社会上拉帮结派的可能性是最大的。这不仅仅是因为孩子已经养成了那种霸道的习气，而是孩子已经容易进入那种不好的环境。孩子在学校里形成小的"帮派"，往往都是与社会上的一些不三不四的人有着一定联系的，甚至有的是在控制着学校里的孩子，这样的案例在现实中屡见不鲜。

学校里的小"帮派"有个特点，就是高年级的控制低年级的孩子，强的孩子控制着弱的孩子，先到校的孩子控制后到校的孩子……他们也是"论资排辈"的，当掌控小"帮派"的孩子由于毕业等原因走向社会以后，接下来掌控学校"帮派"的由升上高年级的孩子来顶替。于是，就会出现这样的情况：先前走向社会的孩子或许已经沦落成社会的渣滓，他与学校"帮派"的掌控者是熟悉的，有的可能还是"上下级"的关系，这样，他们的黑手就有可能伸向学校的孩子。在一些学校里，为什么"帮派"里的孩子在同学中间的威信比老师都大，原因就是他们常常会搬出校外的力量来欺负学校里的孩子，他们让学校里反抗他们的孩子感到：自己在学校里的日子不好过，在社会上也有危险——这种双重的威胁对孩子的毒害是极大的，其他孩子不得不在学校的"帮派"面前屈服。

因此，孩子在校内也会受到社会的不良风气的影响。有的父母会说，孩子离开那所学校，孩子所属的"帮派"就不自然瓦解了吗？对于这种看法，在后文马上将会详细谈到。这里我们只是告诉一些父母，孩子在学校拉帮结派的害处的真正显现，就在他走向社会以后。

孩子离开那所学校以后，这个"帮派"里的孩子可能都走向了社会，这些孩子朝夕相处的机会可能是没有了，但我们不能断定孩子之间也没有了联系，他们之间可能依然会相处得很好，这样，对于这群平时霸道惯了的孩子来说，会给父母带来更大的担忧——做违法乱纪的事。

因为一个在学校里不守纪律、为所欲为的孩子，他进入社会以后什么也做不了，身边的朋友都是不三不四的人。这时，他们就会很自然地融入不三不四青年人的行列中来，当孩子在社会上与众多的不良青年抱成一团的时候，他们能做些什么事呢？当其中有一人有一个坏主意的时候，也就成了这个团体的坏主意。这样，他们就会延续在学校里的做事习惯，孩子由此就会走向邪路。

从孩子在学校里拉帮结派到进入社会成为不良青年，有的可能就会堕落成"黑社会"的一员，因此，当你的孩子从学校走向社会，如果在学校有拉帮结派的行为，父母要加强对孩子的管理，因为一不小心，孩子会由于在学校里的惯性而走向更深的泥潭。

孩子缺乏安全感

前文说过，孩子从小到大，大人一直都在告诫他们"不要和坏孩子在一起"，但是事实是更多的孩子总爱和坏孩子在一起。父母往往捉摸不透，越是表现不好的孩子，越喜欢和坏孩子在一起，他们不明白自己的孩子为什么总想变坏，不明白坏孩子群为何有那样大的魔力，能使一个孩子把父母一直在叮嘱的话弃之不顾而拉帮结派，这其中的原因就是孩子缺乏安全感。

作为一个还没成年的孩子来说，他生活的环境主要是在两个地方：学校和家庭。他在社会上的活动往往不是单个的，要么和家人一起活动，要么和学校的同学一起活动，这在孩子看来，都是学校和家庭生活的一部分，因为孩子都是被动的参与，这种"被动"就是孩子没有独立去实施这些活动。这种实践的缺乏使孩子很难清楚地认识这个社会，更谈不上他们能把握社会上的一些事；再一个就是孩子更多的是感性的思维，他们缺少对一些事情理性的思考，这是一个孩子本能的特征。这样，孩子身处这个世界的时候，他们安全感的系数就远远低于大人，因此，在生活中就会表现出胆小，极易恐慌等。明白了孩子的这个特点，我们就不难理解为什么孩子爱和坏孩子在一起了。

在一个学校里，真正能给孩子带来"快感"的并不是成绩好的孩子，可以这么说，学习成绩好的孩子，给班级带来的更多的是不快。在孩子们的心中，正是他们的突出，才会显得自己平庸，这看起来是一种嫉妒，但留在差学生心里的阴影却是实实在在的；另一个，老师常常把好孩子作为榜样，对他们的赞许往往是与对坏孩子的批评同在。这两种原因就使得孩子无法与好孩子在一起，因为与好孩子在一起是"不安全"的，这种不安全是孩子心理上的恐慌：第一，自己可能成为好孩子比较对象的反面，与好孩子越近，自己与好孩子的反差就越明显，自己就可能常常遭到精神上的打击；第二，自己与好孩子相比，可能就是一个"不好的孩子"，因为任何人都不想和坏孩子在一起，自己可能随时被好孩子拒绝，这样友谊就不会稳定。这样，与好孩子在一起就会友谊容易摧垮，精神容易遭受打击，这就是孩子感到的不安全，因此，孩子就不喜欢与好孩子在一起，在现实中也不难看到，成绩好的孩子是独来独往的。

　　孩子"喜欢"和坏孩子在一起，他也是由于孩子缺乏安全感。

　　一个孩子他要是在学校成绩平平，他就不会得到老师的宠爱，好孩子他又不敢接近，如果身边没有相同认同感的孩子，他在心理上就会感到很孤独。孩子的心理是非常脆弱的，这时候孩子就会惧怕在学校上课，但在大人的要求下以及其他孩子都普遍如此，孩子也只有勉强地待在学校里。正是这种脆弱的情感，加强了孩子在学校的不安全感。

　　一个坏孩子，他在其他孩子中间的影响力是很大的，因为很多孩子都会受到他们的威胁，这其中也包括对他们的敲诈勒索等。这时，很多孩子就会产生惧怕的心理，但这种惧怕不仅仅是来源于潜在的被敲诈的危险，更多的是坏孩子造成环境的"险恶"给他们带来的压力：打架、捉弄人、偷拿别人东西……孩子在这种环境中就会感到很不安全，为了改善这种局面，孩子往往会有两种选择：一是靠近拉帮结派的"坏孩子"，与他们建立良好的关系，这样就感到安全了；二是自己拉帮结派，拉一帮孩子建立自己的小集团，使自己有保护自我的能力。这样，我们看到的就是"孩子总是喜欢和坏孩子在一起"的现象。

　　有人会问，好孩子为何在学校感到是安全的呢？原因是好孩子能得到老师的更多关爱，他们更能得到同学的尊敬。因此，好孩子在学校里心里是很踏实的，他就没必要在拉帮结派的孩子中间寻求心理支持，洁身自好也就是必然的了。

　　因此，孩子喜欢和坏孩子在一起，不是因为他不求上进或自甘堕落，是因为他们缺乏安全感，老师、家长在抱怨孩子的时候，给孩子更多的应该是关爱，让孩子有一个安全的心理环境，是改变孩子不和坏孩子在一起的前提。

是孩子模仿的结果

孩子拉帮结派、敲诈勒索，可以说不是孩子天生就会的，更没有人手把手地去教他们，但他们为什么能周密地策划一起敲诈事件，为什么能轻易地躲过老师的追究……其中的原因，就是孩子都有着很强的模仿能力。

孩子所学到的知识、动作技能以及行为特点，大部分是跟成人学来的。尤其是当这个成人和孩子有密切的关系，并在孩子心里有较高的地位时，孩子就更喜欢去模仿他的行为。心理学家指出，孩子在社会中，常常通过观察别人的行为而去模仿学习。在观察学习过程中，如果观察榜样的行为受到赞扬，孩子就会表现这种行为，如果观察榜样的行为受到惩罚，孩子一样能获得行为，但不一定表现出来。因此，社会里的不良现象对孩子在学校拉帮结派起着很大的促进作用。

　　我们不难看到，孩子会把学校里的一些"小集团"起着各式各样的名称：四大金刚、十三太保、斧头帮、青龙帮、降龙伏虎帮……不难看出，他们从自己"帮派"的名字开始，就不会有什么独创，都是靠模仿得来的，当然，他们做事的方式也是以模仿为主。

　　先前说过，孩子的教育是"社会、家庭和学校"三方面合力的结果，如果哪一个方面做得不到位，都会对孩子有很坏的影响。在这三方面中，最稳定的和最不稳定的因素都是来自于社会，一方面，社会的教育制度、文化观念等在一定的时期内都是稳定的；另一方面，社会常常会出现一些影响孩子的不确定因素，这些因素对孩子有很大的诱惑力，于是孩子就随之跟风模仿，比如，最显著的就是在湖南卫视的超女选拔期间，有很多人模仿超女打扮，以此来追求时尚。

　　在生活中，给孩子提供广阔模仿空间和资源的就是电视和网络——关于网络后面将会谈到——就拿电视来说，我们不难看到很多节目在毒害着青少年，比如电视中的言情片，它就能促使孩子早恋和性冲动；警匪片常常使孩子倾向于暴力……因此，孩子最先从影视中模仿，随后就运用到现实中来。在学校里调皮的孩子也是这样，由于对学习的放弃，他们在学校就会有更多的空闲时间，学校又是一个社会的缩影，影视中打打杀杀的江湖习气对孩子来说有极大的煽动性，也正合他们的口味，他们自身的条件和所处的环境正是他们模拟"江湖"的最佳——去拉帮结派，于是，敲诈勒索就开始了。但孩子在学校里拉帮结派不是在开始就有所目的，先是因为好玩而去模仿，关于其他方面的一些危害，是他们发展到一定程度才有的。当然，孩子拉帮结派只是孩子模仿中的一部分，孩子会模仿社会上的很多东西，比如，语言、穿着、行为……

　　进一步说，现在的主流媒体很少有能很好引导孩子的。比如现在的电视，除了有极少的几个频道和期档外，孩子能看什么？电视上更多的是庸俗的娱乐节目，血腥的打杀场面，言情为主的电视情节……因此，社会对孩子潜移默化的影响会冲淡教育者的教育效果，因为任何人都不能在衣着裸露的广告牌前捂住孩子的双眼，不能在血腥的镜头前及时更换电视频道，更不能去清洁孩子眼睛里的世界……当孩子在学校里模仿电视上的"古惑仔"，在同学中间横行霸道的时候，我们要明白，孩子不是一开始就想那么霸道，是因为大人给他们提供了"充足"的模仿资源，他们爱模仿的天性使他们不得不这样做，只是"玩"过了头。这时，我们不能要孩子独自承担起这种责任，作为大人，特别是孩子的父母，也有着对孩子监护不力的责任。

　　所以，我们不能切断孩子模仿的资源，不能扼杀孩子模仿的天性，但能够帮助孩子提高对事情的判断力，能够改变孩子模仿不良行为的环境。

缺少大人的关注

但凡孩子在学校里拉帮结派，他们都有一个共同点——学习成绩都不好。很多父母要么认为孩子因为拉帮结派才使孩子成绩不好，要么以为是成绩不好才会拉帮结派，父母很少从自己身上找孩子拉帮结派的根源。父母不知道正是自己对孩子缺少关注，或者没能对孩子关注到点子上，这才是孩子在学校拉帮结派的原因之一。

我们常常会听到一些父母这样说："现在孩子大了，我也轻松多了！"父母的这句话换一种说法就是：孩子渐渐长大了，没有像小时候那样，去关注他的吃、穿、住、行的劳心费神了，自己可以松口气了，也可以放松对孩子的关注了。这些家长在教育孩子时，只注意孩子的身体，而不去关注孩子的内心世界，他们不清楚孩子大有大的烦恼，有时孩子比小时候还更令父母费心。因为孩子大了以后，日常生活是可以自理了，但他们的思想却比以前更复杂了。高兴的事不说，孩子这时候的烦恼与小时候可就不一样了，小时候不高兴只是哭哭鼻子，父母不仅容易察觉出孩子的不高兴，也很容易把孩子哄得高兴起来；孩子大了就不一样，他们不会把悲喜挂在脸上，而是把不快深深地埋在心里，大人不宜察觉，纠正也比较困难，因此很多父母会忽视对孩子的关注。

一个学习不尽如人意的孩子，从他内心上说就有着一点儿"自卑"，因为孩子的主要任务是学习，当自己在学习上得不到大人赞许的时候，他们明白自己在大人心里就不会有太重的分量。这时候的孩子他不想主动获得大人关心，在他们的心里，向大人要求关注自己是"不够格"的，于是，他们就会把生活的苦楚埋藏在心里，他们想一个人来承担生活的悲喜。

在现实生活中，孩子的肩膀是稚嫩的，他们不会懂得如何去承受生活，孩子更多的是需要大人的关注：

一是孩子所处环境的不好带来的压力。家长对孩子关注的心思都放在了成绩上，他们对孩子生活学习的学校环境往往缺少关注。当父母替孩子选择学校时，他们对学校的环境只是做一个总体的考虑，或者他们看到的只是学校光辉的一面，对于学校其他不好的因素，父母往往会不加注意，但这些被父母忽视的因素常常是最能影响他们孩子的。如果父母多了解一些学校里这些消极的因素，替孩子解决一些在大人看来不是困难的困难，这样孩子在学校里就会过得舒心一点儿。

二是对孩子的琐事家长缺少关注。孩子每一天也会有很多"烦心事"，这些事在大人看来是无关紧要的，但对于孩子来说，却严重地影响着他们的生活，比如，与孩子之间的小矛盾、老师一句批评的话、对拥有某一个玩具的渴望……这些都可能成为孩子贴近坏孩子的原因。例如，老师批评了一个孩子，当他向家长诉说这件事的时候，有的父母就不会管孩子心里的想法，立场更不会站在孩子这一边去解释一些事，或者是对孩子不予理睬，这时孩子在父母面前就会很失望。当孩子之间谈这件事时，特别是与一个坏孩子谈，因为坏孩子常被老师批评，他就会以攻击老师的方式替这个受批评的孩子说话，说的不管是对还是错，被批评的孩子都能有一种被理解的感觉，因为对一件事有共同语言的人最易相处，那个孩子与坏孩子就会渐渐好起来。

三是对孩子关注的不全面。很多家长可能在孩子的衣食住行上做得无微不至，他们以为这就是对孩子的养育，他们不理解孩子是有着悲喜的情感动物，父母对他们衣食住行照顾得好，只能说是在"养"着孩子，要想孩子成为一个健全的人，还要更多地去关注孩子的精神需求。

　　四是老师对成绩不好的孩子的偏见。老师的偏见使孩子在学校得不到老师更多的关爱，这样，孩子就会在同学中寻求心理的安慰，"人以类聚"，成绩不好的孩子就会聚在一块，互相安慰着由于缺少关爱所带来的失落——学校的"帮派"就形成了。

　　因此，无论是父母还是老师，都要给孩子关爱。尤其是父母，更要给予孩子全方位的关注，老师要给每个孩子都予以关爱，这样，学校拉帮结派的现象就会少一些。

第四章

锻炼孩子的学习兴趣

由要孩子学习变成引导孩子学习

有这样一个现象，就是成绩好的孩子似乎喜欢学习，成绩差的孩子总是厌恶学习。有一种解释是，孩子成绩好，他会越学越有劲；孩子成绩差，学习也就缺乏动力。我们很赞成其中的道理，但这不是最本质的原因。造成孩子对学习持不同态度的原因，本质上不是因为孩子学习的好与坏，而是孩子对学习的态度，才造成了孩子学习好坏的差别。孩子对学习的态度好坏，重要的是在于对孩子的引导，而很多家长在孩子的学习上往往缺乏这种合理的教育方法。

很多家长是在要求孩子学习的，这种方式不可取。

有人说，要求孩子学习有错吗？从某种程度上讲，父母把对孩子学习的态度都反映在对孩子的要求上，这种要求就是错误的。为什么很多孩子学习积极性不高，其中的原因就是父母对孩子的学习只是"要求"而已。父母的这种要求，仅是在告诉自己的孩子要搞好学习，至于如何去学习，孩子在学习过程中遇到困难怎么解决，家长往往会忽视对孩子这方面的指导作用。

对于一个没有成年的孩子来说，在面临父母对他的学习要求时，这种接受是机械的，他对学习没有什么兴趣可言，更不知道提高学习成绩的方法以及学习的技巧。因此，父母仅仅要求孩子学习，这对孩子的学习是不利的。这无疑就是把孩子放在黑暗的森林中，叫他自己独自找一条出路，孩子喜欢这种摸索吗？孩子知道方向吗？孩子知道方法吗？这些家长全然不顾，因此更多的孩子就会"死"在这片森林中。

所以说，家长要求孩子学习的这种方式是不可取，这也是很多孩子学习不好、厌学的原因。

要想孩子有一个好的学习成绩，其中包含着很多复杂的因素：孩子的兴趣，学习的方法和技巧，孩子的学习时间的分配，孩子对学习的刻苦程度……而这其中起到基础性作用的就是兴趣，它是经过后天培养的一种心理状态。孩子对学习有了兴趣，学习上的方法、技巧、刻苦程度等就会有原动力，而这些是家长"要求"所得不到的。因此，对于孩子的学习，父母要改变对孩子那种呆板的"要求"为"引导"，在引导中使孩子获得学习的兴趣、技巧、方法等，这样孩子就会乐于学习，也才能学好。那么如何引导孩子学习呢？

首先要营造一个良好的学习环境。如果父母希望孩子对读书有兴趣，那么，家中应该多一些适合孩子读的书、杂志和报纸。特别是在刚开始的时候，孩子对书籍所给予的乐趣毕竟不够熟悉，所以家长要常和孩子一起看一些有益的书籍，在必要的时候还要与孩子一起讨论书上的内容，这样既可以了解孩子的状况，也可培育孩子的兴趣。孩子在书香环境中成长，自然会喜欢接近书，喜欢看书。但是，这个环境还必须是简化了的，不能一下子提供太多的东西，这样会使孩子无法专心地看某一方面的书。

其次用正面的语言和亲自示范的方式来教导孩子。如果父母希望孩子有一种好的学习习惯，那么父母最好使用正面的语言，明确地告诉他该用什么样的学习方法和技巧，例如告诉他"我们应该……"，而不是只批评他、责备他做得不对，然后再亲自指导孩子用正确的学习技巧和方法。

第三不要打扰孩子的专心。孩子专心在做某一件事时，不要去打扰孩子。第一件事还没完成之前，不要叫孩子做第二件，也不要让孩子做太多或做一些超乎孩子能力的事。否则，孩子在匆忙、心急的情况下，很容易就会养成放弃的习惯，长此以往孩子就不会养成做事有始有终的习惯。

第四是让孩子轻松地去学习。只要孩子的行为有一点儿的进步，哪怕孩子的表现和我们理想中相差得很远，父母也要鼓励、赞赏孩子，使孩子保持着学习的原动力。不要要求孩子紧张严肃地学习，让孩子像玩一样地学习，平时父母不要主动地提什么特殊的学习要求，这样能避免孩子失去学习兴趣。如果孩子学了几遍感到厌倦的时候，让孩子及时休息，有时父母不妨和孩子做一些小游戏使孩子放松。

如果父母在孩子启蒙的时候就知道去引导孩子学习，那么，孩子在学习的过程中就很少会产生厌学的情绪。引导在孩子学习的过程中所起的作用，就像是卫星从发射到进入轨道的推进器，卫星能不能在预定的轨道上平稳地运行，关键看升空的过程。孩子的学习也是如此，父母对孩子学习的引导正确了，以后孩子的学习就像卫星进入轨道一样"平稳运行"，这就是好孩子的学习习惯，父母就不会为孩子的学习操太多的心了。

给孩子减压

孩子有压力吗？有！特别是学习成绩不好的孩子，他会面临着来自各个方面的压力。父母大都不能看到压在孩子身上这种压力的沉重。大多数孩子的厌学与他们是否聪明没多大关系。孩子在心里产生的压力将直接影响孩子的学习和成绩。很多厌学的学生一般都是由于学习跟不上，经常受到老师的批评，家长的责怪以及同学们的轻视。面对这几方面的压力，索性破罐子破摔，经常逃学……

因此，孩子的压力来自如下四个方面。

一是家人的期望。一个孩子的身后往往有很多人对他寄予期望，当孩了满足不了他们的时候，这种期望就会变成孩子学习的压力。

二是来自于老师。对于一个成绩差的孩子来说，老师对他的学习要求和对他的放弃都会在孩子的心理上造成压力，其中的原因在前文已经提到过。

三是来自同学。孩子学习成绩不好，在同学之间也不会抬起头来。这种在同学面前的失败感也是孩子的压力之一。

四是突如其来的压力。这种压力往往是不可预见的，比如面对老师的责罚，在学习任务面前束手无策等。

作为父母要看到孩子的压力，要主动给孩子减压，这样就不会使孩子彻底地瘫倒在压力的泥滩中。孩子大都是带着压力在学习的，当孩子的压力达到一定程度的时候，这就须及时地去给予排解，不然，孩子就会因为心理的稚嫩而承受不起，其结果就是产生厌学情绪。所以，父母要及时了解孩子的压力，学会给孩子释压。

要给孩子释压，首先面临如何保护孩子自尊心的问题。现在有些父母见不得孩子有一点儿错，一旦犯错就让孩子抬不起头来。要知道你给孩子多一份自尊，孩子就会多一份快乐。遇到问题，使孩子有个心理缓冲的过程。孩子有错父母不要一味地批评，家长要引导孩子学会反思自己，看问题能一分为二。父母要明白孩子在人格上和大人是平等的。

要想给孩子释压，还要降低期望值，对孩子的期望值不要太高。尽管所有父母都希望自己的孩子能出类拔萃，所有家长都望子成龙，但在内心中对待孩子还要客观一些，因为不可能每一个人都能成为清华、北大的学生。让孩子善良、正直、健康地成长才是更重要的事情。父母尊重孩子的另一方面就是尊重孩子的爱好。孩子有爱好是很自然的，会开阔孩子的视野，培养孩子积极的人生态度。有些家长对孩子的爱好一律禁止，凡是与文化课学习没关系的活动都不许参加。这样做的结果，培养出来的孩子视线狭窄，遇到小小的挫折就容易钻进死胡同。

给孩子减压，学校、社会也都有责任，但学生压力主要来自家长。有的家长不顾主客观条件，忽视孩子的天性，完全用家长的意志塑造孩子，以为有高投入就得有高产出。因此若给孩子减压，首先就要调整家长的心态，抛弃不切实际的想法，保持平常心。

从老师那一方面来说，父母不能给孩子都找到好老师，但要给孩子找一个好班主任。有这样一个例子就是很好的证明。一个孩子前后有两个班主任。高一的班主任会这样说："你们家长放心，再调皮的学生我也有办法对付，我治他们的办法多了，谁也别想在我这里犯刺。"这个老师确实够厉害，每天对孩子的话除了讽刺就是挖苦，听不到一点儿鼓励。孩子本来成绩就不好，老师的讽刺和挖苦给孩子造成了很大的压力，孩子的学习根本没有什么积极性可言。高二换了班主任，老师是这样开场的："我觉得我们班的孩子很可爱，每个人都很有特点。"一句话听得孩子们眼泪差点掉下来，心里面热乎乎的。孩子的学习热情比以前高了许多，所在班的成绩也有很大的提高。一种是施压，一种是释压，老师对待孩子的态度不同，孩子学习的态度也会不同。所以，教育工作者应遵循以下的规矩做人做事：确立育人为本，服务至上的教育思想；坚持以柔克刚，循循善诱的教育方法；营造民主平等，健康活泼的教学气氛。这样孩子待在学校里就不会有太大的压力。

因此，学生、老师之间总会产生一些矛盾，这很正常，关键是父母要及时与孩子的老师沟通，弄清矛盾的原因所在，及时化解矛盾。孩子在学校的情况一般是不愿同家长讲，老师也没有太多的机会及时对家长讲，家长又没有察觉到孩子的心理变化，几方面一耽搁，做疏导工作的机会就贻误了。

对于孩子之间所造成的压力，当孩子老师和家长的压力减小了以后，孩子的心态就会大不一样，在孩子中间就会有一份自信，这就让孩子抛去了心理的包袱，孩子在学习的道路上就跑得更快了。

重视孩子的兴趣

有这样一个案例。

孩子从小是个游戏迷，常到网吧玩他个天昏地暗，学习成绩一塌糊涂。孩子思维敏捷，反应较快。他的母亲以为孩子成绩差，是因为对孩子要求不严和学习方法不当造成的，因此就给孩子买了学习辅导材料和请了家教，下班回家就"陪太子读书"。钱花了不少，精力也费了许多，但收到的成效不大。几经周折之后，母亲终于明白，儿子并非全是学习方法不当，是他对学习没兴趣。母亲偶尔听孩子谈起想以开发电脑游戏软件为职业，"强扭的瓜不甜"，于是，母亲只好转换对他的要求。母亲看到有电脑三维动画设计培训的广告，就给儿子报了名。没想儿子一改过去逃课的"恶习"，不管刮风下雨，准时到课。文化课也不缺课了，并且每堂课都做了不少课堂笔记，记得也很认真，很细致，这在过去简直是匪夷所思。有时，为了巩固课堂所学内容，他还留下来请教老师。儿子用功了，好像变了个人。培训结束，他通过了考试，孩子的文化课成绩也稳中有升。这位母亲因为重视了孩子的兴趣而把孩子引到学习的轨道上来。

因此要重视孩子的兴趣，而重视孩子的兴趣包含两方面：培养孩子的兴趣和善待孩子的兴趣。

孩子也有着鲜活的思想和情感，有自己的兴趣。孩子的兴趣有一定的年龄特点，且表现出一定的不稳定性。孩子的兴趣会随着时间的推移而有所改变，不久前还很感兴趣的东西，现在已经让位给其他更感兴趣的事物了，因而孩子的兴趣有一定的可塑性。常听父母抱怨说，我们的孩子对什么都感兴趣，就是对学习不感兴趣。其实不然，只要用合适的方法引导，孩子的兴趣在一定程度上是可以塑造和改变的。首先是父母要会培养孩子的兴趣。如何才能培养孩子的兴趣呢？父母的兴趣对孩子有着潜移默化的影响。中国有句古话，叫作"老子英雄儿好汉"，还有更多具有传承色彩的称谓，如音乐世家、书香门第等，这都说明家庭影响的重要。用父母的兴趣感染孩子比强迫孩子去做连我们自己都不感兴趣的事要容易得多，效果也好得多，因此说培养孩子读书的兴趣，父母的"身教"至关重要。另外还要有言传，所谓"言传"就是尽可能早地指导孩子养成读书的习惯。因为要培养孩子读书的兴趣，你就得把书的魅力展示给孩子，就像要让孩子吃螃蟹，得先让孩子看到螃蟹一样。随着孩子年龄的增长，还要在读完书后进行思想引导，在思想引导之后，孩子自然会更喜爱读书了。有人说"身教重于言教"。其实，无论是"身教"还是"言教"都很重要，"身教"为孩子树立榜样，"言教"为孩子灌输理论，两者都不可或缺，这样才能使孩子对读书有良好的兴趣。有人说过："兴趣是最好的老师。"因此，我们每个父母应通过言传身教，用自己的兴趣来培养孩子读书的兴趣。

但是，很多家长自己都不喜欢读书，根本就谈不上对孩子"言传身教"，可他们在对待孩子的学习时，只按照自己的想法，不顾孩子的兴趣去要求孩子，结果家长是"竹篮打水一场空"。因此，当孩子对一些其他的事有兴趣时，家长要"善待"孩子的兴趣。

所谓的"善待"，就是按照孩子的兴趣来培养孩子。有的孩子的兴趣不合父母意图，哪怕兴趣对孩子是有益的，父母也会加以扼杀，像孩子的逃学，有时就是父母硬要孩子把兴趣放到读书上的结果。因此，孩子不一定要把兴趣放在读书上，有益的兴趣父母须尊重。

　　父母就应该接受这样的事实：孩子的兴趣和我们的兴趣完全是两回事，两者之间完全是独立的。即使孩子的兴趣显得简单、幼稚，父母也不能因此而无视它的存在。父母要主动积极地接受孩子的兴趣，尊重孩子自己的兴趣，不能把自己的兴趣强加在孩子身上，还可以积极地创造一定的条件和空间，鼓励孩子发展自己的兴趣。实际上，尊重孩子的兴趣就是让孩子拥有快乐，就是给孩子的最好礼物。孩子的兴趣是一种非常宝贵的资源。保护孩子的兴趣是为了更好地合理开发、利用它，任何形式的不尊重、限制或否定态度都不利于孩子的成长，是极不负责任的行为。

　　兴趣是在较大的生活背景下对其中某些事物的偏好和主动关注。趣味是吸引孩子关注于某个事物的最佳的原动力，兴趣还是维持孩子快乐的稳定剂。因此，父母要想孩子不逃学，一是培养孩子的学习兴趣；二是按照孩子已经形成的兴趣爱好去教育孩子，做到因"趣"施教。

结合实际给孩子定目标

父母对孩子都会有一定的期望，这种期望会变成父母对孩子设定的成长目标。给孩子设定成长目标没有错，关键是看看这个目标如何去设定，否则就会起到反作用。

很多父母给孩子设定的目标依据来自几个方面，比如周围其他人家孩子成功的启发，社会对孩子培育问题的一贯看法，父母自身的喜好……父母常常以这些参考来给孩子制定成长目标。这样定下来的目标所带来的问题是：当孩子是一张白纸的时候，你可以设想在上面画任何美妙的东西，可是一不小心在这张纸上已经画了一个圆或一个方块，如果还要按预定的设想画一幅泼墨山水画或工笔虫鸟画，那就是枉费心机了，这是其一；其二，每一个人的情趣爱好是不一样的，看到别人家的孩子好，或者按照人们通常的做法去如实地要求孩子，这就有可能犯了和在宣纸上做油画一样的错误。

　　在孩子学习的过程中因厌学而逃学，很大一部分是因为孩子不能完成大人所定的目标，产生破罐子破摔的思想。因此，在孩子学习的过程中，父母一方面要注意对孩子目标的及时调整；另一方面给孩子的目标要符合孩子的实际情况。有人说目标一旦定了，就不要随便改，因为这是你的方向，它会给你带来动力，但因为随着时间的推移，你会发现对孩子的理想与孩子的现实的差距，因此适当地调整是正确的。特别是对在学校里逃学的孩子，这种调整在一定程度上可以树立孩子的自信心，使孩子在学校有所作为。

　　对那些成绩不好的学生来说，他们在学习的过程中缺乏动力。孩子在低年级的时候，他们可能还想在学校表现得好一些，至少可以给老师留个好的印象，但随着自己调皮本性的暴露，这种愿望很快就会破灭。这样，自己成绩不好又不能给老师留下好的印象，孩子就彻底失去了向上努力的动因。因此，孩子感到自己在学校什么也学不到，有些要学的东西对自己也毫无用处。你想，孩子如果不想去应付考试的话，会不会解那一道方程式，这对他今后的生活又有多大影响呢？这时的孩子在学校里就会对学习彻底地放弃，他们自然地就会逃离学校。

因此，给孩子信心是可能留住孩子的好办法之一。

家长把孩子送进学校接受教育，开始时，所有的家长都有一个共同的目标，那就是希望孩子能成绩优秀，所有的家长都一致地在这条线上要求自己的孩子，他们往往忽视自己孩子自身基础的好坏，他们认为教育是"万能"的。我们也更赞成"只有差的教育，没有差的孩子"，可问题是，很多家长在面对孩子已经无法再提高的水平时，仍然盲目地坚持对孩子原先的那份期望和要求，这就使孩子因心理的压力过大而难以承受，这种情绪就使孩子失去信心。因此，要想使成绩差的孩子打消逃课的念头，那么家长就要根据自己孩子的实际情况，及时地、结合实际地给孩子定一个明确的目标。家长要使这个目标犹如树上的桃子，孩子跳一跳就能够得着，因为离地面太高的桃子孩子会对它丧失信心。孩子不能上重点学校，我们就要求他上普通的学校；孩子实在不是读书的料，我们可以叫孩子做个司机或当个工人，俗话说"三百六十行，行行出状元"，如果你按孩子自己兴趣和实际水平去要求孩子，你的孩子还可能成为某个行业的状元呢！

当你的孩子在学校里逃学的时候，你明确地告诉他你对他的期望，这时在他的心里就会这样想："我努力一下，至少不会使我的父母失望。"当孩子有了可以实现的目标时，他自然就要从学校那里学一些东西，这自然就在学校多了几分安分。

所以，家长对成绩差的孩子不合实际的要求，使孩子不能得以实现，孩子就会觉得自己在学校里一无所获，当孩子对自己的成长目标失去信心的时候，就会对学校产生反感的情绪进而去逃学。可当家长结合实际给孩子定目标时，孩子就会觉得，自己的那一点点成功对自己还有用，也能获得父母和老师的肯定，这样，孩子就会有劲头跳起来去"摘桃子"，孩子就不再会逃学了。

帮孩子克服厌学情绪的综合办法

孩子逃学，从孩子所犯的错误来说是比较严重的，是公开违犯校纪校规的表现；从学习方面说是对自己责任的一种放弃。孩子逃学是厌学、恐学的表现。逃学的孩子，大多数是因为学习吃力。常见的症状是上课听不懂，作业不会做；老师天天批评，同学时时告状；父母天天指责，同学时时嘲讽。因此这些孩子只有利用逃学去暂时躲避一时，以使心里获得一丝轻松。孩子厌学，不是一天两天造成的，大多是因为孩子从小没有获得良好的学习基础和养成学习的习惯。因此在明白家长有责任，学校老师也有责任的同时，要解决孩子逃学问题，还必须由家校双方共同配合来对孩子进行综合"治理"。

父母应该从如下六个方面同时纠正孩子的逃学现象。

首先，父母要先和孩子交心。孩子的逃学不是一时之举，孩子在自己学习"失败"的过程中，也会引起他们对自己父母教育方式的反思，他们在心里可能保留着对父母的一些意见。因此，在纠正孩子厌学情绪时，父母要先和孩子用交谈的方式，解除掉孩子心里对父母的意见。父母应向孩子承认自己在教育上有失误。父母应该在自我反省的基础上跟孩子倾心交谈几次，听听孩子心里是怎么想的，跟孩子一起探讨学习和不学习的理由。家长的诚恳态度是孩子转变的重要因素。

其次，父母要经常与孩子的老师接触。要经常与孩子的老师交流，与老师一起分析孩子的主要问题在哪里，对孩子的学习情况要进行仔细的分析，明白孩子现有的学习态度、方法，找出其中的不足，问题找得越准越好，这才便于有针对性地采取改变孩子逃学的措施。孩子出现旷课、逃学现象以后，要经常与班主任保持联系。根据孩子的特点，请老师在班上给孩子安排力所能及的任务，使孩子改变不利的角色地位；可以准备一个家校联系本，由孩子、家长、老师共同写联系内容。有时，学校为了严肃校纪，对屡次逃学的学生给以必要的处理，家长应配合学校，抓住机会做思想教育工作，让孩子下定决心，有一个新的开始。

第三，让孩子与好孩子交朋友。跟老师商量后，选择与自己孩子有交往基础、能帮助自己孩子学习的孩子做"老师"。为了郑重起见，父母最好带孩子到对方家里去向对方的家长做出表示。

第四，请家庭教师。利用双休日请一位家庭教师给孩子补课。请教师前，孩子应有充分的思想准备，不能有依赖心理，以防孩子放弃课堂。孩子可能有几科学不好，那就先补一两科。请比较有经验的教师。对自己的孩子要有具体要求，如"自己先看，不懂再问""自己先做，哪里不会再问""课前预习，找出难点，上课专心听讲"等，孩子没有积极性、主动性，光依赖家庭教师肯定不行。

第五，家长陪孩子学习。有的孩子厌学与家长的不爱求知有关。这些家长应该转变思想认识，认真学点儿东西，学孩子的功课或者另外学习某一门知识。家长与孩子安排共同的学习时间，有互相监督检查的措施。

第六，与其他孩子的家长结成联盟。如果有几个孩子群体旷课、逃学，几位家长应联合起来共同商讨对策，跟班主任起研究帮助措施。比如，共同请家庭教师，订互相促进计划，共同进行文体活动，把孩子的积极性调动起来。家长结成联盟，对孩子的学习形成"联教"，对孩子的逃学形成"联防"，效果是非常明显的。

在帮孩子克服厌学情绪的过程中，父母应该明白孩子的学习不是一下能上去的，因此对孩子要有耐心，要不怕反复去说服孩子。家长如果对孩子的信心不足，或者对孩子采取放弃态度，那孩子就有可能破罐破摔了。对厌学的孩子，切不可"批"字当头，"罚"字当头。要实事求是地看到孩子的优点和微小进步，及时给予肯定，使孩子有成功的感受，逐步提高自信心，由"厌学"变成"喜学"，逃学的问题就会解决。

给属于孩子自己的天空

不同的花草就会有不同的生长环境：有的需要充足的阳光，有的需要更多的阴凉；有的需要充足的水分，有的需要干燥的土壤……不同的花草，如果你把它们都放在同一环境下的话，那么由于它们生长的需求各有不同，各种花草自然就不会都长得很好。所以说，会养花的人，他善于给不同的花草创造出它们所需要的生长环境，这才是一个好的养花人。

教育孩子也是这样，不同层次的孩子，他们的需求就会各有不同，如果你把他们都放到一个同样的环境中，不适合这个环境的孩子，他就会极力地去想办法推翻这个环境，在这个环境中，不和谐的事就会不断出现。同样的，孩子逃学就是对现有环境的一种反抗形式。只有给孩子一片属于自己的天空，孩子才会乖乖地待在学校里。

孩子在学校成绩差不说，还经常逃学。在这种情况下，家长惯有的教育思维是，教育孩子改变逃学的习惯，要他老老实实地待在教室里，把心放到学习上来。但这样做的效果并不是太好，能浪子回头的人终究是那少数一两个，这就说明教育存在着问题。所以说，对待逃学的孩子，父母的教育方式不能太保守。

杨涛从高一开始就逃学了，经常与社会上的不良青年混在一起，没有人能管得了他。他的父亲接到学校要他退学的请求，父亲只有再一次请求校长"给一次机会"。看着孩子父亲乞求的面孔，校长的心软了。

校长在杨涛班主任的口中了解了情况后，他把杨涛叫到了自己的办公室。一进校长办公室的门，像往常一样，他在等待着校长的批评。

校长很特别，他拍了拍杨涛的肩膀说："长得很帅气嘛！"接着说："听说你经常逃学，得了个'逃学大王'的雅号。我知道肯定是因为你在学校里不开心。你看，在学校里可以多玩玩足球和篮球，这比你在校外东游西荡要快乐得多吧！这就是我今天要跟你说的。"校长早从他班主任的口中了解到杨涛喜欢篮球。

"可妈妈不想让我在玩球上花太多的时间，班主任也只允许我们班里的人在周五上球场玩。"

"这个你放心，只要你喜欢，我会和你妈妈及你的班主任为这事沟通好的，我还要你组建一支我们学校的篮球队。"校长说。就这样，杨涛被校长"重视"了起来，杨涛把喜欢篮球的同学组织起来，成立了篮球队——这里面更多的是学校里最调皮的孩子。校长还专门为他们修整了篮球场。

杨涛的球队有很多"特权"：他们天天可以利用课余时间在操场上练球，班主任不得反对。对于杨涛，如果哪一天或哪一节课他不想去上，他可以选择自己一个人到操场练球，但他必须和校长请示。校长还有一个要求是：只要杨涛待在学校的课堂上，就要认认真真地去听课。

孩子似乎是被球场征服了，他一有多余的时间，就全都泡在了球场上。在孩子训练休息的时候，校长有意无意地坐到他们的身边与孩子们谈话，与孩子们沟通，耐心地对他进行说服教育，并对杨涛提出一些学习上的要求。半年时间过去了，学校里的"逃学大王"都有了很大的进步，再没有逃过一次学。他不仅没有用到一次校长给自己的特权，而且学习成绩有很大的提高。

校长这种做法的好处是：既然对孩子不喜欢待在学校里，那么学校就用孩子感兴趣的东西"钩"住孩子，叫孩子做感兴趣而又有益的事。世界上最高明的教育方式，它都需要理解掺杂在其中的，校长的关爱、理解也是一股强大的力量，他使这个孩子在学校得到了快乐。杨涛在球场上打发了多余的时间，他们在学校的生活充实了。

因此，父母要记住，对于逃学的孩子，要给一片属于他的天地。这就像是对待一粒种子，我们只要把它放到适合它生长的土壤中去，它才能够在那片土地里生根发芽，一直到它开出绚丽的花朵——这是我们丝毫不用担心的自然规律。

老师赶学生出课堂

　　孩子经常逃学，当父母知道这种情况以后，往往孩子已经把逃学当成了一种习惯了。很多家长不知道自己的孩子为什么会逃离课堂，可能在孩子出现逃学情况的时候，家长只把罪责全部怪在孩子头上。其实不然，一个孩子到经常逃学的地步，最先的原因是出自他的老师。

　　在局外人看来，孩子逃课的原因很简单，就是孩子不想上课。其实并不仅仅是这样的，孩子有逃课的习惯不是一朝一夕养成的，他往往是老师长期"逼迫"的结果，老师对孩子的"逼迫"，父母往往把它看成是老师对孩子的教育，老师的这种"教育"对孩子的害处家长却一无所知，父母不知道老师的教育实质是"惩罚"自己的孩子，孩子因为"惩罚"才经常逃学的。现在我们就来看一下老师把孩子"赶"出课堂的两个主要原因。

原因一：沉重的作业负担及其带来的惩罚。

在人们的印象中，教育部门都在着力减轻孩子沉重的作业负担。其实，这是一个教育政策，能真正落到实处的还是需要授课老师的实施。但事实是，教育部门对老师要求的主题依然是孩子的考试成绩，老师只有要学生多加练习才能得到，这就不得已在违反政策的情况下加大孩子的作业量，因为学生不能取得好成绩，要比违反政策所犯的错误要严重得多，教师也只有避重取轻了。孩子的作业量大，不是所有的孩子都乐于接受，有的成绩差的甚至没有能力完成大量的作业。为了保证孩子们都完成所布置的作业，老师就会有一些奖惩的措施。作业量越大，老师对孩子要求的力度就会越大，这样，老师与没有能力完成大量作业的孩子之间的矛盾就会越尖锐。很多老师在孩子完成不了作业的情况下，他们是这样对待孩子的：

一是监督孩子利用课余补上来。这看似对孩子没有什么问题，但成绩差的孩子在学校里的乐趣可能就是在课余时间，对于他课余时间的剥夺，这无疑扼杀了孩子能来上学的唯一支撑点，于是，孩子就会因此而逃学。

二是罚站。有的老师在上自己的课时都会检查学生是否完成了自己所布置的作业，没有完成的孩子就会被罚站到教室的外面或后面，有的老师叫孩子课余的时候站到办公室里。这种体罚使孩子逃学，后面会再谈到。

因此，有的孩子在上学的时候一想到自己的作业没有做，脆弱的心灵使他对学校有一种恐怖的感觉，对学校孩子只有选择逃避。

原因二：课堂捣乱所带来的惩罚。

经常逃学的孩子，十有八九都是成绩不好而又调皮的孩子，如果说他们的逃学先是被老师赶出课堂的，这一点都不为过。成绩不好而又调皮的孩子，他们在上课的时候总不会去遵守太多的纪律，他们常常会干扰课堂里的上课环境，他们会在课堂上故意捣乱、搞恶作剧。老师无法使他们安静下来，唯一的办法只有把他们逐出课堂。因为成绩差的孩子，在老师的心里就不会有多少地位，如果他们干扰了课堂，把孩子赶出课堂就会有很大的随意性。老师的这种举措，有时并不仅是为了课堂的安宁，更多的是因为自己的情绪不好，孩子得到的惩罚往往与所犯的错误不成比例。对孩子的惩罚老师会有几种基本的形式：一是离开课堂，孩子去哪里一概不问；二是在上课时站到教室外面去，彻底剥夺孩子听这堂课的权利；三是抄写课文，使学生以抄代罚。

　　老师让孩子离开课堂，不问孩子将去哪里，这等于在默许孩子逃学。当然，这也是孩子逃学的开始。但现在老师都会意识到赶学生出课堂会造成孩子的安全问题，自己要负责任的，于是更多的老师都选择了体罚孩子，体罚孩子的形式就是罚站和抄写。在学校里的孩子往往会因自己的错误站一堂课、站一中午……孩子在这样的惩罚下，丢的是面子，累的是身体，在这种情况下，他们也只有选择逃避。关于抄写的惩罚，我们不妨来看这样一个笑话：

　　交警拦住一辆闯红灯的汽车，车主称自己是老师，正赶着去上课，希望能得到谅解。交警一听喜出望外，心里想："太好了！几年来我一直想抓住一个老师，这回终于机会来了。"交警把眉头一皱说："你，给我过来！把'我闯红灯'四个字抄写三百遍。"

　　这个笑话是对那些随意体罚学生、全无爱心的老师的谴责。老师教育方法的失败，会在孩子心中纪念一生的。所有的孩子都是学校教育的"产品"，老师若不称职，那么不合格的"产品"就多，逃学的孩子自然就是不合格"产品"中的一部分，他们正是被老师赶出课堂的。

学校里不称职的教师会毁掉一个孩子的一生。老师不能真正善待那些顽劣、落后的学生，这是孩子逃学的原因之一。希望老师真的能有颗博爱的心，放下架子，蹲下身来用爱的暖流去开启学生心灵的窗口，把每个学生都开心地留在学校里。

老师会"遗忘"班里的孩子

　　有一个孩子，他先前的学校生活是这样的：

　　他很认真地听课，可老师根本看不到，老师的目光永远只停留在前排。在老师提问的时候，他一直都在举手，可是老师的目光总是跳过他的手，她在前排寻觅她的目标；有道题他想了好久都没有做出来，于是，孩子鼓足勇气去办公室找老师。可老师很轻很慢地对他说："这种类型的题目比较难，不适合你做。"孩子冲出办公室，回到那个属于他的角落里。他发现自己的位置虽然离窗口很近，却晒不到阳光。

　　孩子开始在上课时昏昏沉沉的，他觉得老师离他很远，发现自己从前对老师期望的关怀只是一厢情愿，不能证明自己有成绩，老师是不会看到自己的。他明白自己是个被老师遗弃在角落里的男孩，尽管他一直很努力很听话地学习，可他终究被老师忘了，他常常在上课时感到自己内心的疼痛。于是孩子没有再听课，那或许只是徒劳，老师不会注意到孩子的放弃，因为老师一开始就没有注意他，他不过是个成绩平平的男生，每天穿着和大家一模一样的校服，做一模一样的早操，上一模一样的课，可是老师竟然把他遗忘在教室的角落里。

　　不久，孩子就不愿再回到课堂上——孩子逃学了。一个少年，正是梦想破土而出的时候，却因得不到阳光只能静静枯萎了。

　　在学校里，有这样一个现象，就是老师往往对成绩好的孩子关爱有加，对调皮的孩子是压制责罚，对不调皮而成绩又不好的孩子是不管不问。老师能注意你的孩子，要么你的孩子成绩出色，要么你的孩子调皮有加。你的孩子成绩不好又不调皮，那就很难走入老师的视线。一般来说，老师在上课时比较关注两类学生：优秀学生和特别不守纪律的学生，于是，像这样不吵不闹不投入学习的孩子，就经常成了被遗忘的"角落"。老师常常会抛出这样的理由："班级里的孩子太多了，老师不可能关注到每一个人。"在学校里，要想让"默默无闻"的孩子得到老师的一份关注，孩子的父母就要和老师有所"接触"。因为现在一些教师们在市场经济的面前早已看花了眼，看着人家大把大把地捞钱，不由得眼红心跳，"靠山吃山，靠水吃水"，把道德和脸面放在了一边，打起了学生的主意，千方百计地想从学生们身上捞一些油水。评"三好"家长要有所"意思"，当干部家长要"表示"，坐个好位子家长要有"答谢"，连上课提问，都得家长事先"格外关照"，否则，你的孩子就只能是被老师遗忘的对象，慢慢地孩子就会对上学失去兴趣。

当孩子成为校园里被遗忘的边缘群体后，他就会对学习失去兴趣，学校还会及时地给他们贴上"差生"的标签，同时又被老师同学歧视着。孩子成了差生，望子成龙的家长还非得把孩子送到学校，期望他们能够得到改变，谁想学校对这些孩子的冷淡，使孩子们总要逃离校园的束缚。

"人之初，性本善"，孩子是最单纯的，像一张白纸一样画什么就是什么，具有很强的可塑性和不确定性。学校是孩子接触社会的第一个地方，教师是孩子了解社会的第一个引路人，教师对孩子的关照程度，对孩子一生人生观的形成具有决定性的作用。古人说："师者，传道授业解惑也。"这里的"传"，不仅是言传，更是身教；这里的"道"，不仅是学问之道，更是立身之道、处世之道、做人之道。学校不仅应是教授学生知识的场所，更应是培养学生人格的地方，教师不仅应是传授知识的先知，更应是为人师表的表率。让课堂上不再有被遗忘的角落，教师就要蹲下身来，以开放的心态接纳不同的孩子。老师对孩子一个不经意的关照，这对孩子来讲带来的却是极大的兴奋和满足。从此，孩子可能每天都盼望老师来上课。孩子爱上课，就不会有逃学的起因了。

孩子逃学时爱去的地方

孩子逃离课堂，不外乎有三种直接的原因：一是为了获得更多的自由，孩子逃课在外也是没有什么明确的事干，逃课就是为了逃避那烦人的课堂束缚。这样的逃课都是孩子随机做出的决定。二是在课外有明确的活动，比如，去踏青、钓鱼、上网等。这种逃课孩子往往都是预谋在先的。三是被其他同学"拉下水"的。有的孩子在课堂里的压力也不是很大，但他经不住其他逃学孩子的诱惑，也会跟着其他孩子一起逃学。这样逃学的孩子只是出于从众的心理。孩子逃学后去哪里是一个值得父母和老师知晓的事，因为这会直接关系到孩子的安全。孩子逃学时最常去的地方，总的来说它是这样的。

孩子首先会选择一个自己觉得有趣味的地方，孩子还要觉得这个地方不易被熟人撞见。孩子会选择离家或离学校近的地方去躲学，有的地方可能就在孩子上学的路边上，因为这样孩子回家或到学校都很方便。孩子的逃学去处有个特点，就是单个逃学的孩子喜欢找自己上学路上的地方或离家比较近的地方；几个一起逃学的孩子，他们会选择离学校比较近的地方。

孩子在逃学时所去的地方，有两点值得父母注意，一是当孩子在学校里的压力很大，逃学时无处可去时，他们会把自己逃学要去的地方定得很远，这样的孩子就会有离家出走的可能。另一个就是孩子夏季逃学时的去处，夏季对于逃学的孩子来说是危险的季节，由于天气炎热，孩子会瞒着家长和学校到河里游泳。每年夏季我们都不难看到，有孩子因为逃学去河里游泳而淹死的报道，而且这样的报道还不在少数。因此，在夏天家长要特别关注喜欢逃学的孩子的情况。

孩子逃学喜欢去的地方，它会随着季节的不同而不同，还会因为孩子经济状况的不同而不同，还会因为逃学孩子的人数的不同而不同，还会因为逃学孩子的性别组成的不同而不同。

在夏天，孩子会找一个凉爽的地方。像河边上，树荫下，既隐蔽又荫凉。能在自然中充分感受到自由；冬天，孩子喜欢比较温暖的地方，比如一些娱乐场所。孩子在冬天一般不喜欢在外活动，特别是单个逃学的孩子，他绝不会一个人在寒风中游荡。经济状况好的孩子会去一些能够消费的场所，比如，网吧、有老虎机的地方。囊中羞涩的孩子在逃学的过程中会更多地去"寄情于山水"，像一些风景区，自然景观比较特殊的地方。当然，有很多孩子一起逃学时，由于孩子间"贫富不均"，"富"的又不愿"济贫"，为了避免这样的矛盾，他们也会选择一些"廉价"的去处，以花钱少、玩得好为最佳。有男孩女孩一起逃学的，特别是正逢花季的少男少女，他们会追求一些浪漫，其中的男孩子更会显示大方，他们的去处是风景优美的地方，或者一起去飙歌等，他们会选择男女皆宜的处所去活动。

在这里要特别提出的是，网吧是所有逃学孩子最喜欢去的地方，它还是孩子逃学的原因之一。

逃学的孩子往往会具有网瘾的，他们在网上废寝忘食，玩得是如痴如狂。他们在里面可以游戏或聊天，忘却考试、忘却竞争、忘却学习和生活带来的压力。在游戏中还能体验到成功的喜悦，输了还可以重来，失败的挫折感可以在重复中淡化，这和在学习上"成王败寇"的教育体制有天壤之别。他们有的深陷网络的世界里，欲罢不能；大量的事实已经向人们发出警示：网络已成为孩子逃学的主要原因之一，网络游戏使中小学生逃离了课堂，网吧成了逃学孩子主要的去处。

　　孩子逃学，从另一个方面说，正是他感到了课堂的乏味。有人问一些孩子为什么逃学，他们的回答是，"学习太差了""老师太烦了""学校的日子过得太无聊"……说法虽然不一，但总结起来可都是"待在学校里不快乐"这一条。也就是说，使孩子的学校生活快乐起来，他们就不会逃学了。

第五章

锻炼孩子的智力

对孩子有教育的耐心

20世纪80年代初，有一个叫周弘的普通工人，他把自己双耳全聋的女儿培养成了一个大学生，随后并成为美国加德特大学第一个中国聋人研究生。仅仅只有初中文化的周弘，他不仅仅办起了聋人幼儿园，而且还提出了全新的教育理论，使人在教子的道路上耳目一新。

让我们来看看周弘的教子过程，或许会让一些感到自己儿女"愚笨"的父母有所启示。

孩子婷婷是个聋哑，周弘知道，要想让孩子得到好的教育，首先要从治聋开始。在给孩子治聋的过程中，周弘开始自己学习教育理论。当孩子在打了5万多针还毫无起色的时候，周弘决定，自己给孩子治哑。他在教孩子认识一个东西的时候，往往是对着孩子的耳朵几百遍地喊。一次，在对孩子说"灯"这个音的时候，他指着灯对孩子喊了600多遍，喊了近50分钟，但孩子最后还是不明白。面对这样的困难，周弘始终没有放弃。为了让孩子发准"哥"这个音，周弘整整教了孩子三年。

教育的过程实质就是寻找最恰当教育方法。周弘知道，语言是思想的基础，于是，他开始自己教孩子学习文字。周弘的家里，在墙上、地上、桌子上，甚至是在家人的身上都写满了对孩子常说的话。孩子看见月亮就给孩子写月亮，孩子笑了就给孩子写"笑"字。周弘无与伦比的耐心，使语言文字在不知不觉中走入这个6岁聋哑孩子的心里。耐心就是要父母对孩子的细腻关注。也就是说，在教育孩子方面，让我们少一些急躁，多一些等待。这样，也许你真的会感叹孩子的潜能不可限量，孩子的可塑性巨大无比，孩子个个是天才，孩子人人能成才。可能是因为耳聋，孩子倒是更显得依赖文字，周弘创造了一个奇迹。在孩子6岁的时候，居然认识了2000多个汉字；8岁时能背圆周率小数点后100位，打破了吉尼斯世界纪录。孩子在16岁成了中国第一个聋人少年大学生；20岁被美国加德特大学录取为聋人研究生。周弘用耐心能使一个聋哑的孩子成了"天才"，这对今天的父母来说，在面对自己"笨蛋孩子"的时候，肯定获益匪浅。

　　多一点儿耐心，多一份收获。苏联教育家苏霍姆林斯基曾说过："每个孩子都会有觉醒的过程"。这句话的意思是说，对待孩子时少一点儿急功近利的浮躁心态，多一点儿耐心的期待，用耐心使孩子的智慧得以滋生。有了耐心，就不会对孩子失去信心，有了耐心，就会拥有冷静。

　　我们常常因为孩子的屡教屡犯而对他严加责罚，常常因为孩子的屡教不会而怪孩子是笨蛋，常常因为孩子的屡教不听就大动肝火，这种种现象的产生，就在于我们缺乏耐心。在这种状况下，孩子只会越来越笨。因此，在教育自己孩子的时候，不管你觉得孩子有多么笨，重要的是尝试对孩子多一些耐心，多给孩子一些鼓励，多一些亲子教育。他们即使再不聪明，一定会有他们的优点，做家长的要善于发挥孩子的优点，这样能够让他们更好地发展。要善于观察孩子的兴趣爱好，注重往孩子的兴趣上发展，比如，孩子喜欢音乐，从小就可以学一些乐器。孩子一遍不行，那就来两遍；一年不行，那就来两年。让孩子在他们感兴趣的东西中慢慢地学，而不是在父母强迫要求下，让他们学得是如何如何的快。所有父母都很爱自己的孩子，于是，就恨铁不成钢。其实在教育中，有一个原则很重要：就是要懂得用期待的眼光看孩子，千万不要将孩子那些独特的东西，在父母的急功近利中抹杀。

因此，不要羡慕别人的孩子有多聪明；更不要羡慕别人的孩子有多聪明的同时，对自己的孩子失去了信心。孩子的成长是循序渐进的，每一点进步都需要一定的时间，家长要耐心地期待着孩子的进步，不要试图超越自然规律对孩子的成长抱焦急的心态。特别是对待一个"笨孩子"，他更需要父母用耐心慢慢地滋养。

告诉孩子"你太有才了"

前面说过，有的孩子看起来不聪明，这不是孩子真的不聪明，而是孩子在自我认识上有着一定的偏差；或者说是孩子的自卑造成的表现不好。其实，这些孩子的智商是很好的，是一些其他的因素压制了孩子的智力表现。因此，父母在教育"伪笨"的孩子时，用赏识的教育方式，能激发出孩子的巨大潜能，使孩子在学习生活中，表现出聪明活泼来。

对于一个成绩不好的孩子来说，在他的潜意识中，他会认为成绩好的同学是聪明的，换言之，他就是认为自己是笨的。这样，孩子就会"破鼓乱扔槌"。孩子"不聪明"就会越不聪明。如果父母经常告诉孩了他是聪明的，这会使孩子受到精神上的鼓舞，虽然告诉孩子"你太有才了"是一句微不足道的话，但对于孩子来说，却是一种需要，一种满足，甚至可以转化成一股积极向上的力量。日本的一项研究表明，经常受到家长夸奖和很少受到家长夸奖的孩子，前者成才率比后者高5倍。这就是赞赏孩子的力量。家长都知道：如果今天夸孩子听话，第二天孩子会更听话；如果今天夸孩子的字比昨天写得好了，明天的字准写得更工整……这是孩子的一种特性，在受到大人的夸奖时，孩子会产生成就感和自豪感，这就会促使孩子不断地进步。

　　生活中更多的是这样的孩子：他们的学习成绩很差，就连很简单的题目都不会做；他们不善言谈，行动也没有聪明孩子那么敏捷；他们往往是笨手笨脚的，一件简单的事，他们做起来会弄得很复杂……对于这样的孩子，父母要及时抓住他们的优点，对他们说："你真棒！""做得很好！""你太有才了！"，这样的话对孩子说多了，孩子自然就会得到一种心理暗示：原来自己也不笨，自己也会得到他人的肯定。这样，孩子就会不停地向这个方向努力。孩子知道主动地磨炼自己时，就会最有效果，进步得就会最快。这样，"伪笨"的孩子释放出了聪明的灵气，在某些方面存在不足的孩子也得到了锻炼。久而久之，孩子看起来就会变得很聪明了。因此不难看出，告诉孩子"你太有才了"，就是适时地去夸一下孩子。

　　"笨孩子"对待一个问题反应慢一些，甚至对自己所做的事把握不好，当然，他们也缺乏自信。此时，需要父母对孩子进行引导和激励。父母可以在事前肯定他们的进步，夸他们已取得的成绩，给孩子打气，使他们充满自信地去做事。有了自信和自主，笨孩子也会很好地完成预定的事。所以，经常采用这种事前夸的方法，可以使能力稍差一点儿的孩子养成自我激励的良好习惯，这样，会激发出孩子的潜能。

　　"笨孩子"做事普遍缺乏耐心，常常虎头蛇尾。因此，父母要在孩子做事的整个过程中，用赏识的态度欣赏他们做出的每一点儿成绩，帮助他们克服各种困难，不断地去取得一个又一个的胜利，直到最后的成功。这样可以培养孩子坚韧不拔的品质和刻苦钻研的学习精神。

　　"笨孩子"经常会做出各种错事，很多时候是好心办了坏事。孩子的自尊心是很强的，因此，在他们做错了事以后，父母要一分为二地评价他们，充分肯定孩子好的一面。这样告诉孩子"你太有才了"，可以培养孩子正确的自我评价能力，提高自我教育的心理素质。

　　这种赞赏的教育方式，不仅能激发孩子的潜能，更是要孩子有"我不笨"的心理。相反的，如果某个家长当着孩子的面

和其他人说"我这个孩子又笨又傻，什么都不会"，如果经常
这样说的话，孩子不笨也变笨了。因此，夸孩子可以增强对孩
子的激励性，使孩子感受到自己的成功正是聪明得来的，孩子
就会受到鼓舞而不断进步。

　　所以，哪怕天下所有的人都说你的孩子是一个笨蛋，哪
怕天下所有的人都看不起你的这个笨孩子，做父母的都要一如
既往地拥抱他、夸赏他。因为孩子找到了自己是聪明孩子的感
觉，他就会成为聪明的孩子！

发现孩子的潜能

　　现在可以这样告诉一些认为自己孩子很笨的父母们：不是你的孩子笨，而是你没有发现孩子聪明的地方。法国教育家爱尔维修说："即使很普通的孩子，只要教育得法，也会成为不平凡的人。"这里所说的"普通的孩子"，就是人们所说的"笨孩子"，这里所说的"教育得法"，就是告诉人们，要针对孩子的"潜能优势"进行教育。前面说过，有的孩子不是真的智商有问题，而是孩子隐藏了自己的优势，展示了自己的劣势。因此，要使孩子聪明起来，父母就要善于发现孩子的潜能。

　　毕加索小时候是一个笨孩子。老师认为他根本就不具备有学习的智商，好多次跑到毕加索的父亲何塞面前，说毕加索有"痴呆症"。就连同学们也常常嘲笑毕加索："呆子，二加一等于几？"面对这种状况，毕加索和他的父亲都陷入了深深的苦恼之中。

在一次偶然的机会，年幼的毕加索不知为什么对母亲大起来的肚子发生了兴趣。

他好奇地问妈妈："妈妈，里面装了什么？"

"一个弟弟或妹妹。"母亲说。

"谁把他们装进去的？"

"是你的爸爸。"妈妈回答。

"那么，妈妈，爸爸是怎么装进去的？"

大人们发出了尖利的笑声，旁边的两个未婚女孩红着脸跑开了。

没有人再回答毕加索的问题，毕加索更不明白大人为什么会有这样的反应。谁知道喜欢绘画的毕加索却用画笔描绘着自己的母亲，看到画上的妈妈挺着一个大肚子，大人们都笑弯了腰。

但是，他的父亲何塞却发现了毕加索绘画的天赋。父亲认定，自己的这个"笨儿子"一定会在绘画方面成为一个有所成就的人。于是，何塞就把自己这个笨蛋儿子送到当地一所有名的美术学校学习。毕加索在绘画时表现出了惊人的耐力，他可以一连几个小时不放下画笔。他在绘画方面的天赋被发现后，使这样一个连"二加一等于几"都不一定知道的孩子，却在艺术的长廊里与达·芬奇齐名。

每一个孩子都可能有巨大的潜能有待挖掘，关键看父母是否能及时发现。你的孩子或许原本是一匹很好的千里马，但由于你没有及时地发现，没有及时地挖掘孩子的潜能，使原本很好的一匹千里马，因没有伯乐而默默无闻。当然，孩子的潜能和天赋更不会一目了然，而且一个孩子究竟有多少潜能和天赋，没有人能测量和估计得到。它需要教育者去发现和培养。为了发现孩子的潜能，父母要对孩子保持赏识的心态和积极的言行。

因此，在日常生活中，父母要注意孩子的行为举止，观察孩子做一件事或与别人交往中的特征……把这些表现记录下来，就能归纳出孩子的擅长，从而来诱导他。了解孩子的性格特征和擅长后，别忘了给孩子练习的机会。有些父母不要孩子做事，父母把孩子的表现机会"洗劫"一空，这样，父母就无法让孩子显现优势。

哲学家、心理学家威廉·詹姆斯提出，一个正常的健康人只运用了其潜能的10%，并称这一观点是20世纪最伟大的发现。其实每个孩子都有自己的发展潜力，每个孩子都是聪明的，每个孩子在聪明面前都是平等的。

　　福楼拜小时候开始说话较晚，上学后又总是学不会写字。父亲看到儿子在学校的表现，便认为他是个"笨儿子"。于是，福楼拜只读完了义务教育。父亲想让儿子继承他的医生职业，就整天不离左右地看管他用功，但儿子的学习还是很糟糕。18岁时，当父亲知道福楼拜没有当医生的愿望时，便又逼迫他去巴黎学习法律。以后尽管经过多次努力，但想考进高一级学校的努力都失败了。父亲对他的前途完全丧失了信心。据说，父亲后来对他失望至极，干脆就对他放任不管了。这种放任使得福楼拜脱离了父亲的要求，发挥出他本来的才能。他闭门不出，阅读所有的文学著作，沉迷于幻想之中，然后就接连不断地创作出惊世骇俗的文学作品来。

　　福楼拜的成功并不是父母教育的结果，而恰恰相反。因此，现在的父母应该注意到：尽管我们曾千方百计地尝试使自己的孩子成才，往往不但没有效果，而且还常常事与愿违。很多父母把这种失败归于"孩子太笨"，但他们不知道孩子的潜能优势是不同的，父母对孩子的要求方向错了。

　　成功可以有无数种形式，成功的途径更是千变万化。孩子只有按照自己的优势运作才能成功。父母应多花时间和精力去发现孩子的潜能并加以培养，使孩子获得自己的无穷发展空间，达到父母、孩子都满意的人生目标。

用兴趣敲开孩子智慧的大门

可以说，兴趣是孩子智慧滋生的动力。如果孩子对周围事物产生好奇，发生浓厚的兴趣，这就会在很大程度上提高孩子在这方面的思考能力。所谓的天才，他们就是对一些事物比常人有着更浓厚的兴趣而已。一个人一旦对某事物有了浓厚的兴趣，就会主动去求知、去探索、去实践，并在求知、探索、实践中产生愉快的情绪和体验，所以古今中外的教育家无不重视兴趣在智力开发中的作用。西方有一位作家说过："你必须有所爱好。因为你有所爱好，精神才会有所寄托，心灵才会有所附着。"这里所说的"爱好"就是兴趣，"精神"就是指智慧。因此，要使孩子聪明起来，教育者要会用兴趣来引导孩子。

英国的布兰森中学都没有毕业。对他而言，学校的生活就是一场噩梦。因为自己的成绩糟糕透了，他经常被同学们取笑，特别是在按老师的要求当着大家的面背诵课文的时候，诵读困难症引起同学的哄笑，使他尤其尴尬。那时的布兰森没有什么自信，很多人认为，布兰森的智商一定非常低。

虽然学生生涯让他伤痕累累，但他小时候的商业头脑就已经让他显露了"企业家"的才干。一次，父母送给他一个电动火车玩具，不到几分钟他就把小火车重装了一遍，这下火车可以开得更快了。布兰森规定，如果想观看火车表演，每个小朋友都必须向他支付2块巧克力饼干的"门票"。结果可想而知，一连十几天布兰森都有吃不完的饼干了。

后来的布兰森按照自己的兴趣去发展，他成了英国维珍集团的董事长兼总裁。这是一家英国最大的私人企业，年收入已超过了50亿美元。在英国媒体的民意测验中，他被评选为"英国最聪明的人"。

布兰森做不了聪明的学生，但由于自己的兴趣，他却能在企业界变成英国最聪明的人。可见，一个人在自己不感兴趣的东西面前，他就会是个笨蛋；如果在他感兴趣的事情面前，即使他智商不高，他也会通过兴趣的引导，成为一个很聪明的人。

在现实中，父母可能会遇到这样的现象：两个孩子同时学一样东西，有的孩子学得乐此不疲，而有的孩子却半途而废。能坚持学下去的，正是因为他对所学的东西有着浓厚的兴趣。古人云："教人未见意趣，必不乐学。"科学研究已证明，兴趣是打造智商的重要动力。一无所知的孩子是世界的新客，能摸摸这，动动那；能问个"为什么"；能对世界上的一切感到新鲜而有趣，充满好奇心并渴望了解这一切。那么，孩子就会对一些事继续探讨、思考和学习，他的智慧就会因此而饱满。兴趣是人们积极地探索某种事物的认识倾向。心理学表明，兴趣是一个人对一种需求的渴望，它会以动机的形式表现出来，这种动机的强弱由兴趣的强弱决定。孩子在自己喜爱的活动中，能在施展他们的聪明智慧的同时发展智慧，显示其"巨大"的潜能，从而逐渐使自己更聪明。

　　小时候的达尔文不是一个聪明的孩子。像很多有成就的名人儿时一样，很多人认为他很愚钝，根本不会有所作为。但是，达尔文从小就对各类昆虫有着浓厚的兴趣，他对昆虫的喜爱达到了痴迷的程度。他把各种各样的昆虫捉回家制成标本。有一次，他在草丛里捉昆虫，突然发现好几只从未见过的小昆虫，由于两手不够用，情急之中，他干脆将一只昆虫含在嘴里。此时，他感到又涩又恶心，但一直坚持回到家中才小心翼翼地将昆虫吐出来制成标本。由于达尔文从小对昆虫就有一种矢志不渝的兴趣和痴迷，这使他的观察、努力有了动力。随后，被别人所认为的"愚钝"也消失了。不久他就成为全世界的著名生物学家，他的《物种起源》一书，被公认为生物学发展史上的一座里程碑。在书中的一些"前无古人，后无来者"结论，不是一个低智商的人所能得出的。

因此，一个人兴趣一旦被激发出来，孩子就会愉快地、积极地认识事物，并自觉地对事物进行探索和研究，从而表现出超凡的聪明才智。牛顿对苹果为什么会落地发生兴趣，因此发现万有引力，随后奠定了物理学的基础；瓦特看到沸水顶起了壶盖，从而发明了蒸汽机，从而加快了整个地球的运转速度；爱迪生有1300多项发明，都离不开他对研究的兴趣……牛顿、瓦特、爱迪生……在后来人的心目中是无比聪明的，可能他们就是"智慧"的代名词。但很多人不知道，他们的聪明，全都是由于兴趣而生的。

父母喜欢骂孩子

　　父母都希望自己的孩子健康、聪明和能干，可孩子总是一个扶不起的阿斗，他可能在身体上很健康，在一些不经意的小事情上，也可以看出孩子比较聪明，但当看孩子学习的时候，孩子总显得很笨，和其他的孩子相比差别很大。从心理学的角度看，孩子的智商有高低之分。但是，凡是正常孩子之间，他们的智商没有什么区别，也就是说，孩子在学习上的聪明与愚笨，根本不会有太大的差别。可现实是，很多孩子在父母面前显得很"弱智"：成绩一塌糊涂，做事笨拙，反应迟钝，甚至言语表达都有问题。这些现象让父母感觉自己的孩子很笨。其实不是孩子智商有问题，而是父母对孩子责骂的结果。

　　中国父母骂孩子是一个普遍的现象，特别是在中国的农村，父母的文化水平不是很高，对孩子的教育基本上都是反映在对孩子的"骂"上。孩子做错事骂，自己不高兴骂；为大事骂，为小事也会骂；有的对孩子高兴时还是骂。电视剧《活着》中的富贵在高兴时，总是喜欢骂儿子有庆是"小畜生"，这是对中国农村教育最典型的写照。

很多孩子显得木讷，是因为很多家长喜欢骂孩子。在众多的父母中，当看到自己的孩子做不好一件事时，我们就可以看到他们的父母们这样去骂孩子：

"你看你这个畜生，连碗都端不好！"

"真是笨死了！这么简单的事都不会做！"

"真没出息，脑子用来做什么的？"

从这些父母教育的言行来看，不少父母在教育中喜欢骂孩子，父母对孩子的骂与孩子的年龄成正比，孩子年纪越大，父母对孩子就越是挑剔。因为父母会以为孩子越大自主性就越强，自己要通过"骂"来加强对孩子的管理，要骂出自己做父母的权威来。可父母们不知道孩子的心智发育是不成熟的，还没有自我评价意识和自我认知能力，孩子对自己的认识和判断，最先是来源于父母对他们的判断。父母的这些言语往往对孩子起一种负面的暗示，父母说多了，在孩子的心里就会烙下了"我不行，我的头脑没有人家的灵活"的印记。以后孩子每当尝试做什么事情的时候，他最先想到的是："是的，我可能真的很笨，还是不去做了。"这样，父母就在无意识中，把这种消极的自我评价慢慢地植入孩子的心理，自信在孩子身上渐渐地也就荡然无存了。

更多的父母看自己的孩子聪明与否，他们往往是看孩子的成绩。有时，孩子不是没有取得好成绩的智力基础，而是孩子被骂的不知道该用什么样的方式去对待自己的学习，这样，孩子就不会有好的成绩了。可以说，孩子因为学习成绩挨父母骂得最多，父母因孩子学习也会骂得最卖力。有时候，这种骂又是毫无道理的，而对孩子的毒害又是很大的。

比如。当孩子的考试成绩下来后，父母看到孩子成绩不理想，便骂孩子："你怎么那么笨？怎么刚刚考了个及格？真丢人！"许多父母在责骂孩子的时候，不是努力探寻造成事情发生的原因和背景，往往只是盯着事情带来的后果，然后简单地以"你真笨"之类的话来批评。遗憾的是，许多父母不知道这句话与夸孩子真聪明的后果一样大。因为此时孩子脑子里想的是：父母既然认为我笨，那我考个及格分也很不错了。也就习惯地把考试不理想的责任一股脑儿地推到了自己的"笨"上，当然孩子也就不屑去考虑考试失败的真正原因。所以如果下次考试考了50分，心里也没有什么负担了，因为孩子认为反正自己也够笨的，所以这样的结果也很正常。孩子既没有信心也缺乏进取心，慢慢地也就真的就变笨了！

专家对一群父母以为很笨的孩子进行了调查分析，特别是对孩子以往的成长情况进行详细咨询，最后发现这些孩子其实不是先天智商有问题，而是由于家长对孩子早已失去信心，认为孩子很笨，所以就疏于调教，平时教训孩子时也是口无遮拦，给孩子的心灵的伤害和刺激非常大。有人问这些孩子："你最讨厌爸爸妈妈说你什么？"孩子回道："我家里人总是好骂我，并且说我笨！"家长的教育方法不当造成孩子头脑不聪明，这种情况的出现是非常令人痛惜的。这是父母的悲剧，更是孩子的悲剧。

老师用"暴力"的方式教育

中国的封建教育思想在人们的头脑中留下了深刻的烙印。老师和学生的关系不平等，正所谓"师命不可违"。由于中国传统教育思想的影响，以及很多老师素质存在问题，他们把更多的孩子"管死了"，这使得在中国更多的学校里，是众多的"笨蛋"在给极少数"聪明人""陪读"。这种现象在义务教育和普通高中里尤为突出。在一些父母的眼里，老师是一个专业的教育者，他们可能会解决很多有关孩子的难题。父母对老师的这种看法确定以后，当自己的孩子表现不好的时候，父母就会把原因归结为孩子的"不聪明"。其实，有的孩子学习成绩不好，并不是因为自己笨，而是老师的教育方式有问题。

多数的孩子真的很笨吗？其实专家研究发现，多数孩子是聪明的，笨的是少数。孩子在学校表现不聪明，很多是老师暴力压制的结果。

（1）老师的"体罚暴力"。在学校里，我们不难看到老师体罚学生的事情，这种情况在初中的学校里最多。这样的老师是在用暴力来管理班级，这种方式对孩子的智力有很大的压制作用。这使笔者回想起自己的初中生活。那时的孩子天天都在老师的"高压政策"之中。同学基本上就没有不听话的。因为老师总是准备着一根戒尺。哪个学生要是做错了题就要挨一戒尺。在这种情况下，没有孩子敢于发挥自己的智能，所以都显得很愚笨。久而久之，一个班里也就会全都是笨孩子了。老师用暴力来管理班级，很多老师有着自己的理由：像"严师出高徒"的理论，像"不打不成才"的口号等，这些在农村中学的老师中普遍存在。也许有人会说，体罚孩子已经被教育主管部门严令禁止了！其实，很多老师仍然在暗地里体罚孩子。

（2）老师的"语言暴力"。近年来，随着师德建设的加强和家长的反对，教师体罚孩子的现象大大减少。但很多老师却采用讽刺、挖苦、揭短、当众出丑等手段对孩子进行"心理惩罚"。从对孩子成长的影响来看，这种危害更大。语言暴力可能会导致孩子情绪敏感、不稳定。有关统计发现，51%的小学生、72%的初中生、39%的高中生认为，老师的"语言暴力"给其造成了心理伤害。小学生们认为老师的"语言暴力"使他们"伤自尊""害怕老师"等。初中生则认为"受到老师侮辱""伤自尊"这使自己想"自残、自杀"等。孩子长期处于情绪不良的状况下，孩子的心理发展可能步入灰色地带，走下坡路，形成自卑、抑郁的心情，更谈不上智力有什么好的发展。

（3）老师的"冷暴力"。在学校里经常会出现这种现象，教师把犯了错误或成绩不好的学生放到教室的后面进行冷处理，专家把类似的现象称为冷暴力。老师对学生的冷暴力，是对学生的一种有意识的忽视，是对学生心灵的虐待。冷暴力对孩子内心的伤害，可以说没有引起多少人的重视。心理学家研究显示，遭遇精神虐待的孩子在心理和智力发展水平上比遭受体罚的孩子更低。"冷暴力"对孩子会造成"退缩性人格"，即孩子在高压下往往回避问题，不敢与人交流，这样就会变笨了。

体罚疼在身上，冷暴力伤在心上。事实上，冷暴力比肉体上的惩罚更让学生受伤害。一个孩子被老师判到了差生的等次，这个孩子就会因此备感抑郁，甚至不肯去学校。这让人们想起了少年的三毛因为数学不好而被老师责骂，敏感而自尊的三毛因此患了自闭症，在自己的房间里一待就是7年，再也不愿去学校；直到成年，三毛回忆起来还心有余悸。

　　所以，父母要想让自己的孩子在学校有很好的表现，一定要关注自己的孩子是否正在经受着老师的暴力。要使孩子聪明起来，教育的第一条就是应当尊重孩子的人格，关注学生的心灵，培养学生的个性。孩子没有尊严、没有个性也就没有了创造精神，这样的孩子当然会显得很笨了。

很多名人小时候也很笨

　　一个孩子聪明的表现是多方面的。换句话也就是说智力是多方面的，智力的表现方式是各不相同的，父母在判断孩子的聪明与否的标准也应该是多种多样的。我们对每一个孩子都应抱以积极、热切的期望，并乐于从多个角度来评价、观察和接纳孩子，重在寻找和发现孩子身上的闪光点，发现并发展孩子的潜能。父母不要只从某一个方面去考察孩子，然后就武断地得出自己的孩子很笨的结论。在这里可以告诉你这样一个事实，很多名人小时候也很笨，希望父母把他们和自己的孩子对照一下，这样就能更客观地评价自己的孩子。

　　有这样一个孩子，人家的孩子都开始学说话了，已经三岁的他才"咿呀"学语。后来，就连比他小两岁的妹妹都已经能同别人交谈自如了，而他说起话来却还是支支吾吾，前言不搭后语……看着举止迟钝的孩子，父母开始忧虑。后来，在学校里，他受到了老师和同学的嘲笑，大家都称他为"笨家伙"。学校要求学生上下课都按军事口令进行，由于他反应的迟钝，经常被教师呵斥、罚站。有的老师甚至指着他的鼻子骂："这孩子真是笨，什么课程也跟不上！"这个人就是小时候的阿尔伯特·爱因斯坦。这个当年被校长认为"干什么都不会有作为"的笨学生，经过艰苦的努力，成了现代物理学的创始人和奠基人，是现代最杰出的物理学家。

可以这么说，现在孩子的表现要比爱因斯坦小时候聪明得多，但是，他们不但不能成为一个伟人，而且渐渐地还会被人看成头脑愚笨的人。其中的原因，要么就是大人对孩子智商判断的失误，要么就是父母和老师后天的培养没有跟上。一些小时候愚笨的孩子，长大后能有着非凡的成就，可见，后天的教育培养才是一个人成才的主要因素。

英国作家钱伯斯先生创办了一个世界知名的有关儿童文学与儿童阅读的专业杂志。1982年，因为他在儿童阅读领域的重大贡献，钱伯斯和他的妻子共同获得了由英国图书馆学会颁发的"法吉恩奖"。可钱伯斯先生在5岁时还不识字，直到9岁才会学会自己读书，上学8年后还没法通过语法考试。就是一个用英文写出来也不过300个词的故事，他从5岁时就捧着它看，直到8岁他还有兴趣看它。更不可思议的是，他的算术成绩一塌糊涂，以至于他每个星期都要挨老师的揍。他的小学、初中的老师给他的评价是"发育迟钝"。后来的钱伯斯之所以取得这样的成绩，是因为他后天努力的结果。在古今中外的大家当中，小时候很笨的人不在少数。牛顿的小时候就有这样一个故事：牛顿家养了两只猫，一只大猫一只小猫。牛顿非常喜欢他们。牛顿为了两只猫出入方便，就在墙角挖了两个洞：一个大洞和一个小洞。他的母亲走过来说："牛顿，你干吗挖两个洞啊？"牛顿说："大猫钻大洞，小猫钻小洞。"母亲笑道："傻孩子，小猫难道不能钻大洞吗？"一个未来的大科学家，居然没想到小猫也能钻大洞，你说牛顿笨不笨。

　　所以，自己家孩子看起来很笨，这并不代表孩子的前途没有了希望。有时候孩子的愚笨表现可能就是"聪明"的开始。他们是大智若愚型的孩子。美国第九届总统威廉·亨利·哈里逊小的时候，人们都把他看作是傻瓜。镇上的人常常捉弄他。

他们经常把五分的硬币和一角的硬币同时扔在他面前，让他任意捡一个。威廉总是捡那个五分的。有人对他说："威廉，难道你不知道一角要比五分值钱吗？""当然知道，"威廉说，"不过，如果我捡了那个一角的，恐怕他们就再也没有兴趣扔钱给我了。"

所以，无论孩子是真笨还是假笨，这对孩子的成长不是一个决定的原因，关键是看孩子后天的培养。父母如果觉得自己的孩子是个笨蛋，就算孩子是聪明的，他也会默默无闻地过一生；如果父母不管孩子聪明与否，都对孩子用心地培育，不敢说他会成为牛顿或爱因斯坦，但至少不是一个令父母失望的孩子。

孩子的聪明各不同

常听父母说自己的孩子不聪明。这些父母做出这种判断的依据，往往是看孩子的学习成绩。孩子的学习成绩不好，在父母的眼里就不是一个聪明的孩子。这种错误往往会扼杀一个孩子在某些方面的天赋。因为孩子聪明会表现在不同的方面。比如，有的孩子处事灵活，待人有礼适度，这是一种聪明的表现；有的孩子动作灵活，各种运动其他孩子不行，他都行，这也是一种聪明的表现；有的孩子学习灵活，不靠死记硬背，听了就会，很是聪明。如果聪明和学习刚好能够画等号，也就是说孩子的聪明正好表现在学习上，这样，父母就很容易发现孩子是聪明的了。很多父母把孩子的聪明定在他的学习上。父母不明白孩子聪明有聪明的"点"，父母要善于发现孩子的聪明"点"在哪里。

　　笔者在北京有两个学生，一个叫舒启海，一个叫刘定。舒启海现在就读于北京大学地质专业。在家乡的人都说舒启海是一个聪明的孩子，当年这个孩子是县里的状元。刘定高中毕业以后就来到了北京打工，他没有考上大学，现在某一家大公司做销售工作。在一些人的眼里，刘定不是一个聪明的孩子。

　　一次，笔者请这两个孩子吃饭，相约的地点选在离北大不远的一处叫上元居的餐厅。刘定很快就找到了上元居这家餐厅，如约而至。可舒启海却不能找到，尽管笔者把上元居的方位跟他说的很清楚了，最后还是笔者在离餐厅300米的地方把这个孩子接了过来。更有意思的是，第二次吃饭时，舒启海还是找不到这家餐厅。刘定如约而至，我不能就此判断他有如何聪明，但看到一个没有上过大学的他，在公司的业绩那样好，笔者判断，刘定在销售方面是一个很聪明的孩子。舒启海找不到这家餐厅，说明方位感知能力较差。如果从方位感来考察孩子的聪明与否，那舒启海肯定也是一个笨孩子。所以，特别是父母，不能从某一个方面去判断孩子是笨还是聪明，因为孩子的聪明之处是各不相同的。

在中国斯诺克台球公开赛上夺冠的丁俊晖，一举打败7届世界冠军得主亨得利，18岁的台球小将一夜之间家喻户晓，被人们称为"神童"。如果把今天的这个神童放到学校里的课堂上去衡量，那他肯定是一个"笨蛋"。丁俊晖小时候学习成绩很不好，他对学习也没有兴趣。一心希望能玩台球，以至于学业荒废了不少。丁俊晖台球方面的天赋被发现是一个偶然的机会。他的父亲也是一个台球爱好者。据说，他的父亲在和朋友玩台球时，被对手做了一杆很棘手的斯诺克，父亲不知如何解决。站在一边不到10岁的丁俊晖不屑地说："这还不简单！"父亲没好气地说："简单你来。"反正这杆斯诺克解不了也就输了，父亲把杆扔给了丁俊晖。没想到的是，丁俊晖不但解了对手所做的这杆斯诺克，而且还一杆清盘，奇迹般地替父亲赢了对手。后来，丁父为培养儿子成为斯诺克冠军，一家人背井离乡，甘愿倾其所有到英国去练球。丁父抓住了孩子在台球方面的聪明，成就了神童丁俊晖的成功。丁俊晖在初一就辍学了，他的父亲丁文钧说了这样一段值得做父母深思的话："我认为孩子都有着不同方面的聪明，这正给所有家长多提供一个

选择方向，不能刻意去追求文化的学习，否则画虎不成反类
犬。"因此，父母不要认为孩子学习不行就是愚笨的，要善于
发现孩子聪明的那一部分，并加以引导，这样孩子才会有出
息。

　　孩子的智力就像一个多面体，他在各个面呈现的是不同的
色彩，有的面是灰暗的，有的面是平淡的，有的面是光彩夺目
的。父母要知道，孩子聪明的显现就像这个面，我们不要因为
看到孩子灰暗的一面，就对孩子妄下断语。

对多元智力理论的忽视

在前面提到过，人们总是发现"聪明"的人是少数。在一所普通中学的班级里，学习好的没有几个，大部分孩子都很"笨"。但是，很多父母和老师不难发现，这些笨孩子在生活中也会透露着一些灵性，你根本看不出他有多么笨，但一坐在课堂上就变成了傻子一个。如果父母了解了多元智力理论，父母就会理解这种现象了，也不会为自己的孩子不聪明而担心了。

1983年，美国哈佛大学心理系教授加德纳提出了关于智力的新理论——多元智力理论。多元智力理论认为：每个人的智力都有独特的表现方式，每一种智力都有多种表现方式。加德纳认为，人类相对独立地存在着7种智力：言语–语言智力、音乐–节奏智力、逻辑–数理智力、视觉–空间智力、身体–动觉智力、自知–自省智力和交往–交流智力。根据加德纳的说法，数学成绩好的孩子是数理智力很好。

因此，孩子的智能发展，不存在"笨"的孩子。孩子与生俱来就各不相同，他们在心理与智力水平上有着各自的风格与强项，每个孩子都能在教育者的有效教育下得到充分的发展。我们在看待孩子的聪明时应该认识到，不存在一个孩子有多聪明的问题，而只有一个孩子在哪些方面聪明和怎样聪明的问题。犹如姚明善于打球、丁俊晖善于打斯诺克、杨振宁擅长物理研究一样，我们也不能说上述人物谁更聪明，我们只能说他们各自在哪个方面聪明，以及他们各自怎样聪明。

父母和老师觉得孩子不聪明，这也正是对多元智力理论的忽视。根据多元智力理论，我们很难找出一个适用于任何人的统一评价标准来评价一个人的智力高低或聪明与否。

每个孩子的成长都有不同的先天和后天的影响因素，他们都有自己的爱好和长处。由于所处环境和受教育的不同，这就使孩子主观心理活动各有不同，不同的孩子各有具体的特点，表现出千差万别的个性：有的温和，有的暴躁；有的反应敏捷，有的反应缓慢；有的口才不凡，有的却不善言辞……学校里不会存在所谓的"笨"孩子，每个孩子都是独特的个体，发展水平和速度不同，兴趣和爱好各有不同。因此，父母要相信每一个孩子都是聪明的人，要挖掘每一个孩子的优势潜能，并给予充分的肯定和欣赏；父母要为所谓的笨孩子设计"因材施教"的方法，来配合孩子的智力优势，促进其优势才能的发展。

其实加德纳的这种理论我们的祖先早就明白，因为我国有这样一句俗话："三百六十行，行行出状元。"其中隐含的意思就是告诉人们，人的能力是各有各的优势，我们不能说贝多芬、爱因斯坦、毕加索等谁最聪明，根据加德纳的多元智力理论，我们更不能说哪一种智力重要哪一种不重要，我们只能说这几种智力在个体结构中占有重要的位置，处于同等重要的地位，它们在每一个人身上都有自己独特的表现形式。刘翔跑得快，郭德纲相声说得好，郎朗钢琴弹得棒……这其中的实质，不是他们有多"聪明"，而是他们各自发展了自己的智力优势。

所以，人们眼里的笨孩子，本质上是人们对孩子智力多元化的认知不足造成的误解。多元智力理论成为许多西方国家20世纪90年代以来教育改革的重要指导思想。父母理解多元智力理论对孩子的教育有着现实意义。总之，父母应该摒弃以考试为标准的智力测验、智力评价，应该从多方面观察、评价和分析孩子的优点和弱点。并把这种通过多方面观察、评价和分析孩子的优点和弱点得来的资料作为培育孩子的出发点，以此为依据选择和设计适宜孩子教育的内容和方法，让"笨"孩子也聪明起来。

大人对孩子的偏见

我们的祖先在造汉字的时候，对我们都有着警示意义。你看在汉字中"人""扁"为偏，它是在告诉人们，人一旦有了偏见，就会把"人"看"扁"了。孩子显得笨，有时是大人对孩子的偏见。偏见是一个人头脑中存在关于一类人的固定印象，从心理学上说，就是一个人在他心中的"刻板印象"，根深蒂固得都无法改变。在看待一个孩子的时候，大人往往有这样的偏见。

（1）成绩不好的孩子往往是笨的，成绩好的孩子智力肯定会出众。

（2）父母平庸的孩子也不会突出。

（3）哪个村子人没出过大学生，或者一个家族没出过大学生，他们的孩子也不会聪明的。

　　（4）父母名声很坏的孩子"不聪明"。

　　……

　　有这样一个故事：有个老师在白纸上画一个黑点，而后问他的学生："你看到了什么？"学生回答说："我看到了苍蝇、芝麻、污迹等。"孩子们的目标都没有离开这个黑点。这时，老师的一番话启发了教室里的孩子："为什么你的眼睛仅仅盯住那个黑点？而没有看到黑点旁边的那一大片的白纸？而正是这个黑点束缚和禁锢了我们的思维，使我们对本有更好的东西产生了偏见。"其实，受启发的不仅仅是他的学生，这个故事告诉我们，偏见可以掩盖很多真实的东西。因此，大人们上述的这些偏见，会对一些孩子产生笨蛋的印象：一是成绩不好的往往很笨。这在前文也提到过，不再赘述。二是父母很平常的孩子，他也不会聪明到哪里去。在义务教育期间，有这样的一个现象，就是班级里表现好的孩子，最多的要么是村主任书记的孩子，要么是大款显贵的孩子。我们不否认这些人家教做得好，以笔者多年的探求发现，是这些孩子在上学的第一天起，因为他们的父母"不平凡"，老师自然就以为他们"聪明得很"。在以后的教学中，自然对他们另眼相待。这样在老师印象中是"笨蛋"的，多是平常老百姓的子女。由于得不到老师的关注，没过几年，他们就真的变成笨蛋了。还有父母名声很坏的，即使孩子很聪明，老师也会认为这种聪明是"邪"的。对这些孩子的印象像《神雕侠侣》中在武当时的杨过。因为父亲"邪"，孩子也不会"正"到哪里去，老师会在潜意识里压制孩子的这份聪明。

在我们的家庭教育中，很多家长存在着对孩子智力认识的一个偏见。父母对孩子有了偏见，对孩子的智力评价就会打折扣，对孩子的现状就会抱怨和指责，即使有时孩子不是智力上犯的错，父母也会把这种过错当作智力不好的原因。在孩子的潜意识中，就会对自己的智力失去了自信心。孩子在那些实际上稍加考虑就能完成的事面前，也不会动脑筋了。这时孩子就会夸大自己智力的缺点，自己会觉得自己不够聪明。

教育者的这些偏见，使一些聪明的孩子变得不聪明了，从某些方面抑制了孩子智力的发展。因为偏见决定对孩子的教育态度，而教育态度又决定孩子的发展。

有这样一个故事：有一位很有名望的教育家要在一所极普通的学校里搞调查，他让老师在一个班级里随机抽出20个被认为最笨的孩子。教育家对这20个孩子逐一进行了考察，然后从中选出9个人，他偷偷地对老师说，这9个人有不逊于爱因斯坦般的大脑。孩子之所以显得笨，是因为老师自己的教育方式不适合这9个孩子，教育家希望老师能对这9个孩子特别对待。之后过了一年，没想到这9个孩子在各个方面都表现出色。更没想到的是，这9个孩子教育家并没有逐一进行考察，而是随便抽取的。因此，看待孩子的"眼光"对于孩子的成长的影响是很大的。心理学家还曾做过这样一个试验：他们向两组不同的孩子先后出示同一张傻子的照片，心理学家向第一组孩子说：这是一个笨蛋；心理学家对第二组测试的孩子说：这是一个科学家。他先后让这两组孩子根据他给的这张照片，用文字来描述这个人的眼睛。

第一组的孩子是这样描述的：

他的眼神呆板无光……

第二组的孩子却是这样描述的：

他深陷的双眼充满着智慧……

从这个试验可以看出，仅仅因在事前得到了不同的提示，对一个人的评价结果就有天壤之别。这就是偏见在作祟。教育

者一旦有了偏见，再聪明的孩子也会变笨。偏见会对孩子的成
长带来很大的伤害，它使一些本当杰出的孩子沦为平庸。

孩子的教育基础太差了

父母都知道，给孩子打一个很好的学习基础，是孩子学习成功的保证。孩子也会因此显得很聪明。一个学习成绩很差的孩子，他就不会显得聪明。当然，这种成绩差并不是是因为孩子不聪明所导致的。孩子学习不好，显不出聪明来，是孩子学习的基础太差了，而孩子的聪明、学习基础和学习成绩又是一个相辅相成的关系。这其中孩子学习的基础是一个容易让父母忽视的问题。

说到孩子的基础，父母的理解多是很狭隘的。很多父母以为，学前班是一年级的基础，一年级是二年级的基础……其实孩子的学习基础包含很多元素，这些元素正是孩了显示聪明与否的关键。这些元素包括：父母的素质、老师的启蒙教育方法、老师的素质、学校的设施等。这些都构成了孩子教育的基础。孩子看起来不聪明，很大程度上是因为这些基础的"质量"不高。

（1）父母的教育素质不高。父母是天生的教育者吗？显然不是。在现实中，司机有驾照，教师有资格证，做生意有营业执照……父母对孩子的教育凭什么呢？可以这么说，很多父母缺乏教育孩子的"资质"，但他们却都在从事着教育孩子的事业。他们中间更多的是文化不高的人，即使有的父母有很高的文化水平，但他们也很少有教育的经验。他们要么是靠传统的办法来对孩子进行教育，要么就是对孩子以"养"代"育"，要么就是随着自己的性子随意对待……这样的父母根本就不会使孩子有一个良好的家庭教育。在西方，很多父母依赖于家庭教育指导师，中国的父母在这方面的依赖意识还在起步阶段。因此，父母教育素质的不高，是孩子智力发展不足的原因之一。

（2）老师的启蒙教育方法落后。孩子的聪明与否，很大程度上取决于孩子在学校时的启蒙教育。现在很多学校的启蒙教育很糟糕，就拿幼儿园来说，很多老师不知道如何去开发孩子的智力，孩子在上大班的时候，就已经能达到一年级的水平了。这不是孩子有多聪明，而是幼儿园的老师把孩子智力的开发变成了纯粹的文化学习。虽然也有不少学校引进了一些西方所谓的先进的启蒙教育方式，但很多学校都是"扯张虎皮当大旗"。他们买一些特色玩具，建一些设施，就向外界宣传自己是××特色教育。其实内行人知道，任何一种好的启蒙教育，关键是看"人"的教育思想。如果实施启蒙教育的老师思想不转变，再好的教育理念也不会对孩子起到作用。很多幼儿园对新的教育理念的理解是一知半解的，在实施的过程中要么依然向纯粹的文化教育偏离，要么在引进教育新理念时变成了"邯郸学步"。这种状况在孩子的启蒙教育中是很普遍的现象。

（3）老师的素质不高。在这里，老师的素质不高不是指文化素质不高，而是老师的教育理念太陈旧。老师的教育理念直接会影响孩子潜能的开发。而现在老师的教育理念又面临着两大提升瓶颈：一是所学习的教育理论陈旧。教育专业的教材，很多都是几十，甚至上百年前的研究结果，而且都是从外国引进的教育思想。很多东西已经不再适合教育现在的孩子了。二是很多老师在岗位上教育理念的退化，他们在长期的实践过程中形成了思维定式，他们很难发掘和接受新的、有效果的教育理念。因此，很多资质很好的孩子，由于得不到很好的教育方法，他们的智商因此不被开发。

（4）学校的教育设施陈旧。现在很多学校硬件设施依然是"古董"的样式。教室里依然是以黑板、粉笔为教育工具，有的学校最多多个投影，而且还不常用。可以说，这种模式在西方几百年前就是这样了。在中国，教室的样子也还在近百年前的水平上。学校里的操场也就是一块空地，教育设施的陈旧往往会阻碍孩子智力的发展。一个能使孩子"聪明"的学校应该是这个样子：体育馆里的基本设施齐全，里面有各种球场，还有游泳池；有音乐教室，里面有钢琴等很多乐器供孩子学习；有光线很好的美术教室，学生可以学习各种画法……如果孩子在这样的一个环境中学习，学校里聪明的孩子就会多起来了。孩子文化课不好，可以学美术；美术不好，可以学音乐。孩子就会找到发挥自己聪明的地方。但现实是，更多的孩子都在文化学习这样"一棵树上吊死"了。

如果说这些是孩子的基础教育，还不如说它是奠定孩子智力的基础。这种基础差的现状，使孩子原有的智商得不到开发，这就是更多的孩子表现得很不聪明的原因。

第六章

锻炼孩子的内心

父母对孩子不要太霸道

孩子在成长的过程中容易产生一些心理障碍，其中的原因就是父母对孩子的管教太霸道，他们没有站在孩子的角度去看问题。

有这样一个故事：一位年轻的母亲在一条繁华的街道蹲下身来为自己4岁的儿子系鞋带。母亲无意抬起头来发现，自己的眼前没有绚丽的彩灯，没有迷人的橱窗，也没有装饰华丽的广告牌……原来那些东西都太高了，一个4岁的孩子什么也看不见。落在她眼里的只有一双双粗大的脚和男男女女的裤脚，在他的眼前互相摩擦、碰撞、摆来摆去……这是这位母亲第一次从4岁儿子目光的高度眺望世界，她感到自己儿子的可怜。从此这位母亲发誓，今后再也不把自己的意志强加给自己的儿子。

　　孩子觉得家长在家里对自己太霸道，在父母面前，自己什么都不懂，父母一直也把自己当成是三岁的小孩子。这样就会使孩子产生自卑、叛逆、抑郁等不良心理。所以，要想与孩子有一个健康的心理，在对孩子实施教育的时候，一定要放下自己是父母的霸道架势，站在孩子的立场上为孩子想一想。有了这个态度，就可以预防孩子心理障碍的产生。

　　年少的孩子都不喜欢有太多的束缚，当孩子有了自己的主张，他们都希望按照自己的主张去行事。这时，孩子就无可避免地会和父母的意见发生冲突，这时的父母应该体会到孩子的这种需要，不要从自己的主观意愿来判断这种主张的合理性。父母学会倾听孩子的心声，学会设身处地去体会孩子的想法，并且尊重孩子，接纳他们的合理要求。这样父母的教育才会有效，孩子才会向正确的轨道上发展。

　　孩子犯了错，家长如果用责备的口气说："谁叫你这样去做的！"虽然孩子迫于大人的压力会产生机械的服从，但在孩子的心理上会产生叛逆的心理。所以，父母责备孩子之前，要先和孩子来一个换位思考，对孩子说："昨天太累了，才使你今天上学迟到。"这种换位思考后的言语，包含着对孩子的理解，也有父母对孩子迟到的部分责任的分担。孩子听后，必然也会用心检讨自己的行为。如果家长说："你今天真懒，不然怎么会迟到呢？"这样，不管孩子迟到的原因是什么，在家长的眼里，就是一个字：懒！孩子自然不会服气，这样的不服气多了，孩子要么会自卑，要么就会叛逆。当孩子有了心理障碍之后，他们所表现出来的就是一个坏孩子形象，这时，家长首先要收起自己的那份"独裁"，站在孩子的立场上来教育孩子。

　　那么，面对有心理障碍的孩子，要"父母对孩子不霸道"，父母又该如何去做呢？下面的一个案例，父母可以作为参考。

　　16岁的王涛进入高中后，变得越来越不听话了，他似乎喜欢和他的爸爸对着干。父亲因此加大了"教育"的力度，一发现王涛有什么不对，就会给他一顿训斥。面对王涛在足球场上的疯玩，他给孩子报了一个绘画业余学习班，以此想来收住孩子的玩兴。

　　自从被父亲逼着上老师家去学绘画后，王涛和他酷爱的足球已经分别好几个月了。严厉的父亲坚决不允许他再踏入球场半步。每当他在老师家画着枯燥的素描的时候，对于足球运动的渴望使他痛苦难耐，渐渐地他产生了叛逆的心理，并且这种叛逆在他画布上渐渐地加深。

父亲看出了其中的端倪，他很快地就改变了自己对孩子的策略。一个周末，孩子的同学来约王涛周日去踢球，父亲居然答应了孩子的要求，父亲唯一的条件是，要孩子带老爸一块儿去"练练脚"。周日的外出踢足球，虽然球踢得不是很精彩，但孩子却显得很高兴，父亲也很开心。回来后父亲对孩子说："和你一起踢球，我锻炼了身体不说，也感觉自己年轻了很多，在球场上能感觉到自己又回到了自己的少年时代了。"父亲舒心地笑了笑，接着说："你在球场上和那么多孩子一起玩你喜欢的东西，那是你最开心的事，看来我叫你学画画是错的了。这样吧，爸爸准许你今后踢球了，画学不学随你。"听完父亲的这番话，王涛的眼里盈满了泪水，这是孩子的委屈得到理解后，压抑的心情得以释放的结果，孩子对父亲的怨恨也随着眼泪的流出而减少了大半。

在这以后，父亲改变了自己"霸道"的态度，说话时特别注意少用强制性口气了，让孩子做事也试着用商量、征询的语气，父亲改变了居高临下的俯视式的教育方式。没过多久，王涛的情绪有了很大的改善，他也及时地改掉了自己刚刚萌发的叛逆情绪。

所以，在教育孩子的时候，多角度地去为孩子着想，比如，孩子的兴趣，孩子的年龄特点，孩子目前所处的环境氛围……还要站在孩子的立场上去做事；比如，和孩子一起玩耍，和孩子一起说笑，和孩子一道争论……只有站在孩子的立场上，父母才会教育好自己的孩子。

让孩子发挥出他的优势

　　孩子有了自卑、抑郁的心理，如果得不到及时的纠正，不仅有碍于孩子的健康成长，在孩子长大后还会因为这些不良的情绪而影响到自己未来的家庭。要改变孩子的这种坏的心理状况，最忌讳的就是用批评、斥责的语言，家长要随时随地用语言鼓励孩子去做一些事，成功了，就多加赞赏；即使不成功，也要想方设法使孩子对失败感觉不到太大的压力。在做事的过程中多找孩子的优点，使孩子有信心面对事情，这样才能充分发掘孩子的优势和潜能。

　　美国加州大学的哲学博士詹姆斯·多伯森在审视家庭教育时指出："当一个人的行为得到满意的结果时，这种行为就会重复出现。"这就要求我们在矫正孩子的自卑、抑郁的心理时，要多给孩子以赞赏，孩子也就会慢慢地有胆量面对困难，孩子有信心了，"胆子"就会大起来，做事就会有主见，一个能干的孩子就会出现在你的面前。

有一个孩子叫小强，他的学习成绩还不错，但胆子很小，最大的问题是上课极少主动发言，做事情也是畏畏缩缩的。在学校里，老师曾试图改变他的这种自卑胆小的状况，老师就叫小强当副班长，负责班里的卫生工作，可小强死活不肯。老师要求急了，他就流起眼泪来。在家里，妈妈就是叫他接一下电话，他也会拿着话筒不说话，即使说了，声音也小得很。这个孩子在家里也不太多话，看起来也是很懦弱的一个人。父母对于自己的孩子的状况已经束手无策了。

如果要改正孩子的这种状况，就要知道造成孩子这种心理的原因。那么，究竟是什么造成了这个孩子的自卑心理呢？

原来。这个孩子自幼多病，他的母亲用含着泪水的眼睛看着他长大，母亲觉得自己为孩子付出的太多了，因此，母亲对孩子抱有很大的期望，这就使母亲对孩子的要求非常严格，母亲不允许孩子做错事，不允许孩子贪玩，更不允许孩子学习成绩落在别人之后。母亲完全用一个完美的标准来要求孩子，只有在孩子表现得非常优秀时，母亲才会感到满意，如果孩子表现得不好，母亲就很生气，就用打骂、挖苦、吓唬的手段来"教育"孩子。

这位母亲对孩子的期望比一般家庭的母亲高，她认为对孩子高要求，孩子也会有大的进步，获取的成就也就会高。母亲在教育孩子时带有强烈的期望，对孩子的不断要求，这就给了孩子相当大的压力，这种影响慢慢地会使孩子在无意中学会追求完美，给自己定一个高标准。如果自己不能达到父母的期望，他们不会责怪父母高压政策下的打骂逼迫，而是把失败归咎于自己，认为自己努力不够或者是自己的能力不行，产生了处处不如人的自卑感。

找到了孩子自卑、抑郁心理的根源，再加上正确的教育方式、方法，就能够帮助孩子从不健康的心理状态中走出来。这位母亲认识到，要改变母亲与儿子之间的关系，就要平等地对待孩子，尊重孩子，与孩子友好相处，允许孩子有缺点，允许孩子犯错误，允许孩子失败。这位母亲知道，只有改变了自己看待孩子的观念，她才能客观、公正地看待孩子。母亲的这种改变，使孩子渐渐乐于亲近母亲了，在家里变得爱说话了。

　　孩子有很多特长，为了让孩子更好地发挥特长和爱好，母亲鼓励孩子去一些自己感兴趣的学习班学习。母亲还带孩子去郊游，在欣赏大自然的美景的同时，母亲和孩子也加深了交流……这些活动充实了孩子的生活，同时又让孩子在一次次的快乐中找到了自我，并逐渐抛弃了自卑、抑郁的心理。

　　在孩子身上发现有自卑、抑郁的心理后，母亲能及时认识到教育方法不当是造成孩子自卑心理的主要原因，从而树立了正确的教育观念，她尊重孩子，与孩子平等相处，并采用有针对性的办法帮助孩子，这才使她的孩子从自卑、抑郁的泥潭中走了出来。

给孩子洗脑

　　杨帆是一个15岁的少年，在以优异成绩考到省级重点高中后，他却反复对家长说自己"不想上学"。他常常莫名其妙地有头疼、胸闷、厌食等不适症状；他发脾气时就在家的墙上乱涂乱画，还用毛笔写大大的"忍"字，扔得满屋都是。这样的喜怒无常，使他对任何事物都无兴趣，情绪也非常低落，总想回到原来的初中。

　　杨帆的表现是显著的抑郁症状，这种抑郁心理的形成是有原因的。

　　杨帆的父亲和母亲不是一对和睦的夫妻，在他孩童时期父母就经常争吵，母亲还因生活负担重，心情不好，把气发在杨帆身上。这些使杨帆对环境非常敏感，使他在面对新的环境时缺少情感的依附，他更没有学会如何正确对待焦虑和冲突的方法，因父母而营造的紧张环境在孩子的潜意识中留下了深深的烙印。

进入重点高中后，他不能在同学中表现得很优秀了，这就加重了他内心的无奈，这样就在他的内心导出幼年父母争吵时的阴影，于是，孩子就选择逃避和发泄情绪来避免自己的继续受挫。

杨帆的父母关系虽然随着家里经济条件的好转而好转，但杨帆的这种状况却给家里带来新的阴影。他的父母走访咨询了很多心理专家，终于制定出了一套完备的治疗方案。

父母委托孩子初中的班主任去了解孩子现在内心的想法，因为最先伤害孩子的是父母，这使孩子在父母面前就不会敞开心扉。初中的班主任是杨帆喜爱的老师，孩子已经把他当作了他的好朋友，所以对他无话不谈。

原来，高中的老师课讲得太快，往往是杨帆还没有听明白就过去了。初中时杨帆是全班第一名，现在成绩在班里中游都困难。每当看到其他同学学习时杨帆就很着急，于是也拼命学，可就是不见效果。杨帆自己反而有无法解释的想哭举动，于是杨帆喜欢常坐着发呆，在家经常乱发脾气。功课因此落下了许多，时间又浪费了那么多，杨帆就觉得自己很笨。杨帆说着说着又哭了起来："我好怀念初中的生活。现在我的成绩不好了，父母又唠叨我，我很难过。怕到学校去，怕考试，我该怎么办？"

　　孩子抑郁情绪形成的原因往往各有不同，有的是长期受不良情绪的影响；有的是他对一些事情的理解存在着偏差，当这些偏差经过长时间的强化以后，在他脑海里根深蒂固地保留了下来；还有的是自己生活的环境、情感上突然有很大的起伏，这种突然的刺激一下子推翻了孩子原有对世界的认知，这样他就会走向抑郁的泥潭。杨帆的哭诉，使他的父母了解了孩子许多内心的想法和感受，这种深藏在孩子内心的不合理理念，正是他抑郁的根源所在，也就是教育者要将它推翻的。

　　要使孩子在心理上淡化的是："考试没考好是因为自己没用，自己笨"；要在孩子心理强化的是："我有很多的优点，即使我笨，也可以笨鸟先飞"。杨帆终于明白，正是这些不合理信念导致他情绪上的沮丧和无望，以至自己在学校时很紧张。一次考试失利，不能证明永远都考不好，只要发现学习上的不足，并加以改正，成绩就可以提高。他认识到：

（1）自己身上也有许多别人不具备的优点。

（2）我并不比别人差。

（3）只要我尽了力，任何结果都可以接受。

（4）考不上大学也未必就没有好工作，就不能成才。

这样，两个月过后，杨帆的情绪渐趋稳定，能够在校园进行正常学习，性格较前开朗、活泼，与家人关系相处融洽，谈话时有说有笑。

全面了解杨帆的情况，与杨帆共情、同感、取得其信任，是辅导治疗的关键。给孩子构建新的认知过程并非一蹴而就，是父母全力支持孩子利用自己头脑思维并改进的过程，是孩子重塑自我的过程。在行为问题的矫正中，仅靠孩子构建新的认知是不够的，父母必须给孩子一些实用技巧的指导。

因此，对于孩子抑郁的治疗，首先要想办法使孩子在心理上推翻原有的认知，再根据个体的实际情况帮助孩子构建新的认知。当你构建的那种认知开始进入孩子心理的时候，你再用事例或话语激励孩子，以此来强化孩子新的认知，这是矫正孩子抑郁心理成功的关键所在。

培养孩子健康心理的注意事项

孩子成长的每一个阶段，不但有身体发展的目标，也有相应的心理发展的目标。家长要懂得孩子心理发展的每个阶段的特征，并且给予正确引导，以促进孩子的心理健康发展。婴儿阶段是孩子一生中的重要阶段，此时更应该重视孩子的心理健康发育，错过了这个时期，也许就会给孩子留下一生的遗憾。因此，家长必须尽早培养起孩子的健康心理。

那如何让孩子心理健康发展呢？

首先，要常使孩子感受到愉快的情绪。要孩子感受到愉快的情绪，父母就要给予孩子无限的关爱，因为许多孩子的心理问题都是因为父母和孩子缺乏交流而引起的，这就要求父母要常与孩子交流，通过交流沟通，不仅使父母能更好地了解孩子的心理特点，及时发现孩子需要引导的问题，更可以使孩子深切地体会到来自父母的关怀和爱，从而有一种心理上的安全感和满足感。孩子因此感受到的愉快情绪，是孩子心理得以健康发展的基础和前提。这种交流可以是随时随地的，例如，在与孩子同行的路上可以问问孩子在学校里的开心事，逛商场前让孩子说说自己喜欢的物品，在饭前饭后跟孩子说一些有趣的故事等，只要父母用孩子喜欢的语言加上亲切的笑容就可以了。这样会使孩子从中得到一种健康情感的影响。

其次，父母要注意自己的言行举止。父母的言行举止无时无处不在对孩子产生着潜移默化的影响。有的父母不懂得教育的规律，不知道孩子心理发展的阶段特点，孩子犯了一点儿小错误，父母就以偏概全，经常说一些伤害孩子身心的话。更有甚者，对孩子打骂相加，使孩子形成胆小、压抑或者反叛心理；还有的父母和孩子说一些混淆是非的话，或者以反话激孩子。比如，"你这么能干，什么都抢过去，有本事你再来试试，你是真行吗？"这不仅会强化孩子的任性心理，还会使孩子信以为真，造成不良后果。至于父母的举止行为，就更容易给孩子带来影响了，所以要使孩子心理健康发展，做父母的必须时刻检点自己的言行，给孩子一个明确的是非标准和安全的心理氛围。

再次，培养孩子的自信心。父母对孩子的进步和成功的赞赏和鼓励，能使孩子更多地积累积极的情感体验，也能使他们在获得成功的体验中认识自己的长处，相信自己的力量，树立自信心。当孩子慢慢懂事后，就开始注意别人，特别是父母和老师对自己的评价，父母要高度重视自己对孩子的评价，要多以积极肯定的态度来对待孩子。在评价孩子时，应根据孩子的特点和能力，确立适当的评价标准，因为孩子的发展是一个渐进的曲折的过程，要求自己的孩子处处强过别人或者一步到位，这是非常不切实际的。只有对孩子做出公正客观的评价，才能让孩子切实了解自己的能力。当看到孩子有某些不足时，要鼓励孩子去弥补，还要耐心地帮助孩子分析达不到要求的原因和自身存在的有利条件，在实践中树立孩子的自信心。

最后，保持良好的家庭心理氛围是关键。尊重、平等、民主的家庭心理气氛对孩子的心理发展起着独特的作用。孩子也和大人一样自尊心很强，父母应像对待大人一样尊重孩子的权利和要求，注意根据孩子的兴趣进行引导，使他们主动快乐地去做各种事情。只有尊重孩子，以理服人，才能使孩子形成健康的心理。现代家庭要求成员之间建立心理上的平等关系，一般来说，缺少平等精神的家庭，孩子容易养成怯懦、自卑、自私的不健康心理。因此父母的心情不佳时，应尽量克制，不向孩子发泄，做错了事，也要真诚地向孩子道歉，让孩子真正感受到自己在家庭中的平等地位。心理上的开放有益于养成孩子开朗的性格，父母要善于鼓励孩子说出自己的想法。孩子一天一天地长大，有了自己的想法，父母在处理家庭事务时要充分考虑孩子的意见，让孩子有发言权。这样使孩子心理上得到满足，才会形成民主的家庭风气，才能促进孩子的心理健康发展。

因为一个孩子的心理健康与身体健康同等的重要，中国家庭往往会忽视对孩子不良心理的矫正，这样使得很多孩子会出现这样那样的问题。"坏孩子"往往"坏"在思想上，只有重视孩子的思想教育，才能使孩子有出息。

孩子在心理的自我禁闭

　　父母要了解，抑郁是以情感低落、哭泣、悲伤、失望、活动能力减退，以及思维、认知功能迟缓等为主要特征的一类情感障碍。抑郁是多种不良情感的一种综合，它是痛苦、愤怒、焦虑、悲哀、自责、羞愧、冷漠等情绪复合的结果。由于各人的心理素质不同，抑郁有时间长短、程度强弱之分。抑郁被称为"心灵的流感"，它是在坏孩子中存有的一种普遍的"坏"情绪。父母在对待这样的"坏"孩子时，很少有人重视这种情绪，于是，使很多这样的"坏"孩子都沉浸在抑郁的阴影中无力自拔。

　　对于有抑郁心态的孩子来说，他们在心理上进行自我禁闭，外人很难穿透他心理的壁垒，他总是把自己深锁在自己戴起的枷锁中，他一个人感受着没有任何现实的孤独、自责和种种不快。

　　由于抑郁是很多情感综合的结果，这使抑郁有较大的隐蔽性，很多父母往往看不出这一点。孩子是单纯的，很多事情都是通过父母来判断而认知的，抑郁对孩子的危害是很大的，这就使得父母在对孩子抑郁的关注方面任重而道远。很多父母不知道抑郁会给孩子带来很大的危害，当孩子患有抑郁症的时候，他在情绪上就会焦虑和激越，身体的各项功能就会随之下降；在精神上就会出现运动性阻滞，以致人的思维消极；它还是人自杀的动因，人们称抑郁症为"人类第一号心理杀手"，就是因为没有任何一种心理疾病或精神病有它这样高的自杀率。

　　孩子可能在生活中与人发生过一些矛盾，这些矛盾在常人看来根本就是无关紧要的，或者就是毫无原因，孩子却深感环境的压力大，经常心烦意乱、郁郁寡欢，不能安心学习，会用各种理由和借口迫切要求父母为其换环境。可到了一个新的地方，他还是认为环境不尽如人意，反复要求改变。当孩子达到既定目标时并无喜悦之情，反而感到忧伤和痛苦，他们在别人看来是喜悦的事时却愁眉苦脸。有的在学习期间经常无故往家跑，想休学或退学。这样的孩子严重时一进学校门口就感觉肢体无力等，当回到家中，他一切又都正常。

　　因此，抑郁是孩子在心理的自我禁闭，综合表现是：情绪低落、无精打采，就是对一些原来喜爱的事也没了兴趣，他们干什么都高兴不起来，总觉得自己什么都不好，体验不出生活的快乐；他们不愿社交，故意回避熟人；他们对自己和未来缺乏信心，一点点的缺点或过失也会给他们带来不尽的后悔；他们还会与失眠、食欲不振、疲劳、头痛常伴。他们精神倦怠、表情冷漠，生活弥漫着灰暗；有的人还自暴自弃，甚至出现自残、自杀行为。

　　对孩子抑郁的问题，父母要把它当作是孩子的病态，而不是孩子的"坏"，家长的态度对于纠正孩子的抑郁心理将起到决定性的作用。家长要有一种理念，就是孩子的抑郁的状况是很自然的情况，很多人都会有这种不良情绪，只是各人的抑郁症状轻重有所不同，或有人能忽视这种不良情绪。还有，孩子的抑郁心理是可以治疗的。当你认识到孩子的"坏"是因为抑郁的时候，你就会给孩子更多的关心，家长对孩子的矫正也会很理性。抑郁是孩子在心理的自我禁闭，孩子自己不能"解放"自己，他要外界给予他"输液""打针"和做一些心理护理，这样孩子才会康复。中国家长往往对于孩子的精神健康重视不足，往往使得他们在教育孩子的时候，孩子的精神世界就成了他们教育中的盲点。孩子在成长的过程中，出现这样或那样的问题是很正常的，正如有句话说的那样："不经历风雨那能见得了彩虹。"孩子只有在"风雨"中成长才会更加显得成熟。

孩子有个"逆反期"

许多孩子小时候在父母的眼里都是乖巧可爱的，可孩子一长到十四五岁时，就开始爱和父母唱反调了，对于父母的话他们总是"东耳朵进西耳朵出"；就是天大的事，孩子也不跟父母说……一个孩子在他成长的过程中，这样的情况可能会持续两三年时间。有些孩子在父母面前的"不听话"表现得很突出，在现实生活中，我们不难看到不少父母有这样的悲叹：亲生骨肉在和自己作对。心理学家把青少年专爱和家长、老师作对的这一时期称为"逆反期"。叛逆是每一个孩子在成长中一个必然的心理过程，这就叫孩子的"逆反期"。

"逆反期"是一个人从孩童过渡到成人的关键时期，如果家长不加以正确引导，就会导致孩子产生叛逆的性格，由此就会产生许多病态性格，比如，多疑、偏执、冷漠、不合群、对抗社会等，这些性格如果进一步发展的话，还可能向犯罪心理和病态心理转化。叛逆起源于孩子自我意识和好奇心的增强，加上社会、媒体的冲击，促使青少年对许多东西产生兴趣，他们便要通过表现个性、追逐潮流来满足自我意识和好奇心。当这种孩子的自我意识和好奇心超出一定程度的时候，孩子就表现出叛逆的性格，这个"度"超出的越多，孩子就越叛逆，叛逆的危害也就随之加剧。社会和家庭的传统教育的一些弊端，阻碍了他们自身发展的需求，也会成为叛逆心理产生的源头；此外，青少年如今面临的各种压力，比如，集体压力、学习压力以及生活中的无聊情绪等，也是叛逆心理产生的"沃土"。

"逆反期"是孩子到了青春期的时候，孩子除了身体方面的变化外，思维方式也由儿时的感性的思维转变为更加理性的思维，孩子的自我意识逐渐加强，处处要体现"我"的存在，但他们对事物的理解缺乏深度，体现自我又没有更广阔的市场，于是他们就会寻找实现自我的环境，因此，离他最近的父母或老师就成了"受害者"，他就靠和父母或老师"对着干"来体现自我。

其实，逆反期的孩子，在面对父母和老师，甚至对社会也会产生强烈的对抗情绪。比如，这个时期的孩子爱打扮得与别人不一样，有的甚至追求另类；爱做一些引人注目、与众不同的事；爱说一些令人吃惊的话；孩子的所有举动，其目的就是让人另眼相看，这都是他们想要的效果。孩子这样的举动，一方面是孩子年少，他缺乏适应社会环境和独立思考的能力等；另一方面，孩子处于萌芽的自我意识支配着强烈的表现欲。换句话就是孩子要在社会上处处体现自己，通过展示自己和别人的不一样来体现自己的价值。了解到这些，家长就不难理解孩子逆反期的表现了。

　　但是，作为父母来说，他们在面对一个叛逆的孩子的时候，他们看到孩子的"坏"的表现是很多的，这也就是叛逆的孩子通常的表现：频繁地大发脾气；与父母过度争吵；明显地对抗和拒绝大人的要求和原则；故意使人痛苦和不安……对于孩子的这些表现，父母如果加以正确引导，这是孩子成长中必然要表现的"坏"，但如果处理不好，将会影响到孩子的心理成熟和身体的发育。对子女的这段逆反期，应如何进行正确的引导，这是每位家长在家庭教育中都要注重的问题。

　　逆反期时孩子的叛逆在孩子的成长过程中，不全都会起到负面的作用。孩子对一些事的不同看法和做法，不一定全是错误的，因为大多数人认同的东西也不一定全是对的。从某种角度讲，孩子的叛逆往往是一个人具有创新精神的基础，使孩子探索新知成为一种本能。因为如果没有"叛逆"的存在，人们就会对原有的东西一味地去认同，这样，人总会是墨守成规的，这样的生活也会了无生趣。在学校里，"不听话"的孩子走向社会后，其中的大多数都比在学校听话的孩子更能体现人生的价值，其中的原因就在于此。

孩子对自己太没信心

有很多孩子，他们在心里不相信自己的实际能力，害怕在做事时失败，在学习或社会交往活动中也表现出一定的退缩。在做事过程中，他们只要遇到一点儿挫折，就会轻易地放弃掉，他们更无法去坚持一件比较难的事。虽然他们十分渴望获得成功，但由于对自己的能力缺乏信心，认为反正自己不行，就是自己努力也是白费力气，失败了还会遭人嘲笑，不如早早地就退出，因而他们不去参与任何有挑战性的活动。这样的孩子在集体生活中从来不愿抛头露面，也很少主动与同伴交往，他们一般没有太多的朋友，或者过分依赖于某一个能保护自己的同伴。这种对自己没信心的孩子，他们的心理往往是自卑的。

自卑是孩子一种不健康的一种心理，是一种人格缺陷。

孩子过多地否定和贬低自己而抬高别人，影响了对自己正确、客观的判断，不能客观地、正确地看待自己和周围的人和事，就会影响到孩子的健康成长。对于孩子的自卑，很多家长由于忙于工作，不会注意到孩子的这种现象，或者是有的家长根本就无法理解孩子的这种心理，更谈不上能尽早发现而去及时补救孩子的缺失。更有很多家长任由孩子的自卑心理伴随孩子成长，他们不知道这样不仅仅会使孩子得不到很好的成长，还会给孩子成人后的生活带来更大的痛苦和折磨。

　　一般有自卑感的孩子，都是由于他本身就对自己缺乏信心，对别人的言行态度往往就十分敏感，特别是别人对他的批评，更是反应过激，有时为了维护强烈的自尊感，还会做出一些过激行为。由于他们的自我评价比较低，因而特别希望通过他人的评价来肯定自己，所以他们往往会比一般孩子更渴望教师和家长的赞许。

　　孩子不能客观地对自己进行评价，他们更多是通过父母的态度和评价来认识自己，因而父母的态度和评价，对于孩子自卑心理的产生，具有重要的诱发和强化作用。在父母看来，自己的孩子是最无忧无虑的，因为任何父母都会把自己的孩子照顾得很好。但事实上，孩子也有自己的苦恼，自卑就是其中最可怕的一种。生活中很多孩子在学习及生活上存在困境，都是因为他们对自己的信心不足，尽管不是本身有什么缺陷或短处，使孩子自惭形秽，仍旧感到自己就是比别人差。自卑的孩子通常会认为自己在某一方面或多个方面不如别人，甚至是样样不如别人，常以一种怀疑的眼光看待自己，而且对周围人的言行、态度反应也是格外的敏感。这样的孩子在生活中，往往在内心深处隐藏着永不消散的愁云。

孩子自卑心理的形成有着多种原因，其中主要是受家庭环境和他人对自己的态度这两方面的影响。从这两方面中可以看出，父母在这中间起到很大的作用。这也就是说，孩子的自卑，父母往往要承担很大一部分责任。比如，在公众场合谈论孩子身体上的缺陷，如肢体残缺、聋哑、过于肥胖或矮小等；指责孩子不及他人的地方，如体育和语文成绩不如别人等。有的是在生活中孩子的一次不起眼的经历，如在多次经历失败后又遭遇同学的嘲笑。在这种情况下，孩子就有可能会怀疑自己不如他人，渐渐地就会产生深切的自卑感。还有的孩子的家庭经济条件不好，家境的贫困，使他在吃、穿、用等各个方面都不及其他人，很可能由此也产生自卑感。即使是家庭条件不错，但如果父母关系紧张，孩子也有可能因为很少得到父母更多的关爱而产生自卑心理。

　　但在现实中，很多父母意识不到孩子对自己没信心有时就是自己造成的，他们对孩子的这种心理不用教育去排除不说，还把这种缺陷一股脑儿地认为是孩子的"坏"。孩子不是生来就有自卑心理的，这种心理是后天教育不当养成的。孩子是脆弱的，他们很容易受到伤害，大人成熟的心理是体验不出来的，他们可能觉得自己的举动很正常，对孩子的教育也很到位，父母不知道他们有时正在培养着孩子的自卑心理。